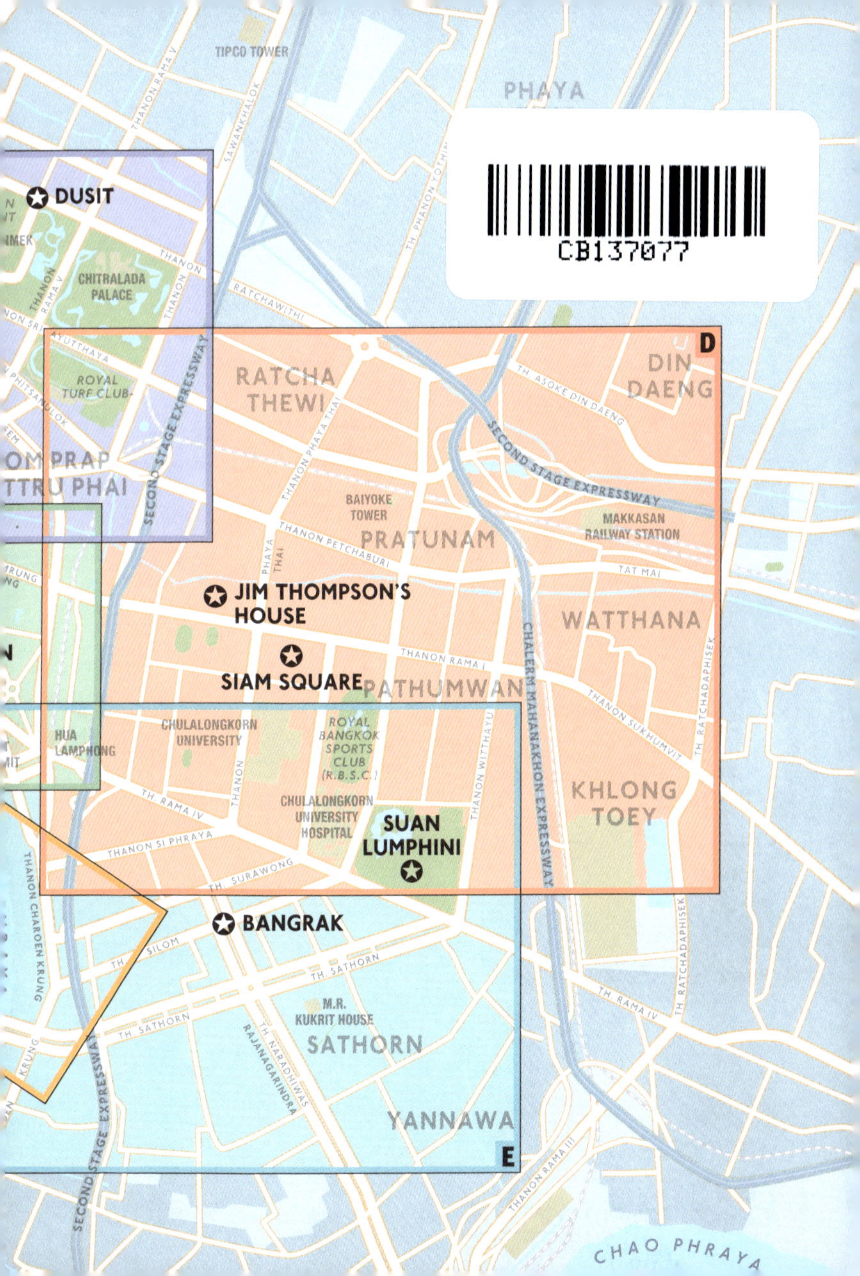
TIPCO TOWER
PHAYA
DUSIT
CHITRALADA PALACE
ROYAL TURF CLUB
SECOND STAGE EXPRESSWAY
D
RATCHA THEWI
DIN DAENG
TH. ASOKE DIN DAENG
BAIYOKE TOWER
PRATUNAM
MAKKASAN RAILWAY STATION
THANON PETCHABURI
TAT MAI
JIM THOMPSON'S HOUSE
WATTHANA
THANON RAMA I
SIAM SQUARE
PATHUMWAN
CHALERM MAHANAKHON EXPRESSWAY
THANON SUKHUMVIT
TH. RATCHADAPHISEK
CHULALONGKORN UNIVERSITY
ROYAL BANGKOK SPORTS CLUB (R.B.S.C.)
HUA LAMPHONG
THANON WITTHAYU
TH. RAMA IV
CHULALONGKORN UNIVERSITY HOSPITAL
SUAN LUMPHINI
KHLONG TOEY
THANON SI PHRAYA
TH. SURAWONG
BANGRAK
TH. SILOM
TH. SATHORN
THANON CHAROEN KRUNG
M.R. KUKRIT HOUSE
SATHORN
TH. NARADHIWAS RAJANAGARINDRA
YANNAWA
E
THANON RAMA III
CHAO PHRAYA

Atrações imperdíveis

Os dez lugares que você não pode deixar de visitar

✪ **Rattanakosin (A)**
Ao mandar construir um canal no local em que a curva do rio é mais apertada, Rama I criou, ao mesmo tempo que a capital, uma ilha artificial, protegida por uma muralha de 7km e quinze torres de vigia. Rattanakosin, ou "morada do buda de esmeralda" (a estátua sagrada é conservada na Capela Real), foi o nome do reino de 1782 a 1932. Hoje ele nomeia o centro "velho" de Bancoc, às margens do Chao Phraya. Encontram-se ali, próximos um do outro, o Grand Palace (**A** B4) e o Wat Pho (**A** C5), tomados pela multidão, bem como ministérios, universidades e outras instituições.

✪ **National Museum** (**A** B2)
O primeiro museu do país, criado em 1874 pelo rei Rama V. Décadas de conservação e, mais tarde, de aquisições fizeram do museu um panorama único da arte e da história tailandesas. Entre os tesouros, a inscrição do rei Ram Khamhaeng (1292), documento classificado no registro "Memória do Mundo" da Unesco por seu valor histórico, mas também porque anuncia a invenção do alfabeto tailandês.

✪ **Dusit** (**B** D1)
Primeiro rei a viajar à Europa, Rama V (1868-1910) retorna fascinado, e começa a transformar Bancoc numa capital de estilo ocidental: o bairro de Dusit, com artérias imponentes, é a expressão desse desejo. Dão testemunho disso no plano arquitetônico e decorativo a avenida Ratchadamnoen ("do progresso social"), a italianizada Ananda Samakhom (**B** D2) e o templo Benchamabophit (**B** D2), com seu mármore de Carrara. Por fim, nenhuma visita a Dusit é completa sem que se passe pelo palácio Vimanmek, considerado a maior estrutura em teca dourada do mundo.

✪ **Chinatown** (**C**)
Um bairro tão antigo como a cidade, pois foi para lá – ao pé da parte externa das muralhas – que se enviou em 1782 a pequena comunidade de comerciantes chineses que viviam em Rattanakosin. Se os locais para fumar ópio, as casas de jogos de segunda e os prostíbulos de Sampheng não existem mais, as vielas fervilhantes, os templos enfumaçados, os vendedores de ervas, os mercados perfumados e as biroscas de rua (passar no começo da noite) fazem da Chinatown de Bancoc um bairro bem diferente.

✪ **Siam Square** (**D** C3)
Coração palpitante da Bancoc moderna, o local em que todos se encontram. Metrô aéreo, shopping centers gigantescos, lojas descoladas, fast-foods de redes, museu de arte contemporânea, alto-falantes tocando pop internacional no último volume... não falta nada, o que coloca Bancoc entre as grandes cidades da Ásia. Tendo se desenvolvido nesse local, ao redor da Siam Square, hoje a cidade moderna se estende por quilômetros na direção leste e pela avenida Sukhumvit (**D** F4).

✪ **Jim Thompson's House** (**D** B2)
Aí é possível imaginar, no breve espaço de uma visita, como era a vida antigamente. As bandeiras dessa magnífica casa de teca foram trazidas de várias regiões do país por Jim Thompson, americano que deu novo impulso à seda tailandesa. Estátuas, móveis antigos e biombos laqueados: ao mesmo tempo objetos de decoração de casa e peças preciosas de um museu de arte arte asiática.

✪ **Bangrak** (**E**)
No séc. XIX, as embaixadas estrangeiras se instalaram às margens do Chao Phraya, abaixo do Grand Palace, que era, assim, facilmente acessível de barco. Com as residências de estilo colonial e os jardins luxuriantes, Bangrak transmite, do lado do rio (a agitação é retomada a leste, em torno de Silom), um charme de outras épocas. Deve-se à história do bairro a variedade impressionante de locais de culto: mesquita, catedral católica, igreja portuguesa, templo tamul e até mesmo uma estupa budista em forma de barco!

✪ **Suan Lumphini** (**E** E2)
É difícil imaginar que, quando foi criado nos anos 1920, esse parque enorme se localizasse fora da cidade. Batizado com o nome do lugar em que Buda nasceu, no Nepal, ele é, no coração desse bairro financeiro, um espaço cheio de vida: nele se cruzam praticantes de tai-chi, esportistas, gente que vai fazer piquenique e famílias a passeio.

✪ **Wat Arun** (**F** B4)
A melhor hora para visitar o "Templo da Alvorada" é o crepúsculo, quando os grupos de visitantes já foram embora e o sol acaricia com sua luz alaranjada os milhares de pastilhas de cerâmica colorida. Seu *prang* central, com 86m de altura e que simboliza o monte Meru, parece então que está pegando fogo.

✪ **Thonburi** (**F**)
Após a destruição de Ayutthaya, em 1767, a capital do reino foi instalada em Thonburi, sendo depois transferida novamente para Rattanakosin, em 1782. A margem direita do Chao Phraya ficou então um pouco abandonada, o que explica a rede de *khlong* (canais) ainda bastante densa, as antigas casas de madeira, os jardins e a vida (em parte sobre a água), que parece fluir a mil léguas de distância da margem oposta. Para sair dos roteiros tradicionais e descobrir outra Bancoc é preciso pegar um barco de "cauda longa" (coletivo ou não) e percorrer os canais de Thonburi ao seu bel-prazer.

Informações práticas ⤴

THANON YAOWARAT, EM CHINATOWN

WAT SUWANNARAM, EM THONBURI

SIAM SQUARE

JIM THOMPSON'S HOUSE

NATIONAL MUSEUM

INÍCIO DA MANHÃ NO WAT PHO

Informações práticas

Paixões tailandesas

"Khon" e "lakhon"
O teatro tradicional e seus dançarinos com brocados. Ao som da orquestra *(piphat)*, veem-se cenas do *Ramakien*, versão local do *Ramayana* indiano.
Sala Chalermkrung (**C** B2)
Boxe tailandês
Muito popular. Podem-se usar todas as partes do corpo, menos a cabeça.
Lumphini Stadium (**E** F2); Ratchadamnoen Stadium (**B** C3)
Takraw
Jogado na rua e nos pátios de escola, é um misto de futebol e vôlei, com uma bola de ratã.

PASSEIOS NAS PROXIMIDADES DE BANCOC

dos os templos e nos museus reais. Para escapar das multidões, chegue na abertura do Grand Palace (**A** B4), do Wat Pho (**A** C5) e do Wat Traimit (**C** E4).
Fotos
É proibido fotografar nos museus e nos templos chineses.

Vida noturna

Programação
Publicações gratuitas em inglês nos hotéis, no centro de informações turísticas etc.
Bares
Nos bairros turísticos e na parte moderna da cidade (Siam Square, Sukhumvit etc.). Traje fino exigido nos bares de grandes hotéis.
Discotecas
Há poucas discotecas na cidade, e elas são mais frequentadas por estrangeiros e jovens tailandeses abastados.

Compras

Bancoc é um imenso mercado. No moderníssimo centro comercial há bancas ao ar livre com roupas, sedas, joias de prata, artesanato e informática.
Pechincha
É habitual pechinchar nas barracas e nos mercados, porém sempre sorrindo muito.
Impostos (IVA)
Dá para obter reembolso do IVA. Em lojas grandes, peça o formulário para qualquer compra acima de B.2.000, a fim de apresentá-lo na alfândega no dia da partida se o total ultrapassar B.5.000 .
Chatuchak Weekend Market (fora do mapa **B**)
→ *Thanon Phahonyothin (perto do Chatuchak Park), pare na estação Mo Chit (Skytrain) ou na Chatuchak Park (metrô) Sáb-dom 7h-18h*
Situado na periferia, é o mercado mais famoso de Bancoc e o maior da Tailândia, com mais de 15 mil stands e barracas.

Massagens

Essa tradição de 2.500 anos faz parte do cotidiano dos tailandeses. Há três tipos: tradicional (corpo); com ervas; ou reflexologia (pés). Salões em toda a cidade, nos spas e nos hotéis.
Wat Pho Traditionnal Massage School (**A** B5)
→ *Wat Pho Tel 02 221 36 86 www.watpomassage.com*
A escola mais famosa oferece cursos de 5 a 10 dias.

Pequeno glossário

Sim: *Chaï*; não: *Maï chaï*; olá/adeus: *Sawat dee + khrap* (homens) ou *khà* (mulheres); obrigado: *Khop khun + khrap* (homens) ou *khà* (mulheres).

Passeios

Todos esses passeios também podem ser feitos por meio de agências de viagem, em ônibus privados: é mais simples, porém um pouco mais caro. Compare os preços.
Ayutthaya
→ *1h30 de trajeto; acesso de trem (estação Hua Lamphong), ônibus (Northern Bus Terminal) ou barco (passeios organizados) Templos: diariam por volta de 9h-17h*
Capital do reino entre os sécs. XV e XVIII, é um Patrimônio da Humanidade.
Nakhon Pathom
→ *1h de trajeto; acesso de trem (estação Hua Lamphong), ônibus (Southern Bus Terminal) Chedi: diariam por volta de 7h-18h*
O *chedi* (127m, séc. XIX) mais alto do mundo assinala o templo da cidade.
Kanchanaburi
→ *3h-4h de trajeto; acesso de ônibus (Southern Bus Terminal ou Northern Bus Terminal) Museu JEATH: diariam 8h30-17h*
Aldeia bucólica ao longo do rio Kwai, sobre o qual fica a famosa ponte.
Damnoen Saduak
→ *2h de trajeto; acesso de ônibus nº 78 (Southern Bus Terminal) Mercado: diariam 6h-11h*
Mercado flutuante que virou atração turística.
Koh Samet
→ *4h de trajeto; acesso de ônibus (Eastern Bus Terminal) até Ban Phe, depois barco para a ilha (45min)*
Parque nacional, atrai muitos moradores de Bancoc no verão. Praias de areia dourada e áreas de mergulho.

HISTÓRIA

1767-82: Thonburi é a capital do reino
1782: fundação de Bancoc por Rama I
1868-1910: reinado de Rama V (Chulalongkorn), modernização do país
1932: golpe de estado, monarquia constitucional
1950: coroação de Rama IX (Bhumibol), rei efetivo da Tailândia
1973: manifestações estudantis
1992: motins, queda do governo militar e eleições democráticas
1997: crise econômica
2006: golpe de estado; desde então, instabilidade latente

AYUTTHAYA

KOH SAMET

KOH SAMET

Glossário
Thanon: rua.
Soi, Trok: viela.
Ban: bairro.
Khlong: canal.
Tha: embarcadouro.
Suan: parque.
Talat: mercado.

DINHEIRO

Câmbio
Postos no aeroporto, bancos, grandes hotéis e bairros turísticos.
Cartões bancários
Aceitos na maioria dos hotéis e restaurantes. Há caixas automáticos por toda a cidade, sobretudo nas estações de metrô e nos centros comerciais.
Orçamento
Hospedagem
Um quarto em uma hospedaria: B.350-800. Com mais conforto: a partir de B.2.000.
Comida
Na rua: B.40.
Restaurante: B.150-400.
Visitas
Templo turístico: B.50.
Vida noturna
Garrafa de cerveja: B.40-110.
Entrada em clube: B.600.
Espetáculos: B.400-1.500.
Massagem
Cerca de B.420/h.

HORÁRIOS

Ficam abertos quase todos os dias.
Restaurantes
→ *Em geral, diariam 11h-23h*
Museus
→ *Em geral, diariam 9h-16h/17h*
Templos
→ *Do amanhecer ao anoitecer, salvo indicação em contrário*
Compras
Centros comerciais
→ *Em geral, diariam 10h-21h*
Mercados
→ *Em geral, diariam 7h-18h (manhã só comida)*
Bares, discotecas
→ *Há pouco tempo a maioria passou a fechar à 1h (venda de álcool proibida depois desse horário)*

PARA COMER

Cozinha tailandesa
Uma das culinárias mais afamadas do mundo, usa produtos muito frescos, inclusive peixes e frutos do mar, temperados com ervas e especiarias e acompanhados de arroz. Há poucas sobremesas, mas muitas frutas, como abacaxi, rambutã, durião, mangustão e manga.
Recomendados
Pad thai: talharim ao molho de soja, camarão e amendoim.
Tom yum kung: sopa de camarão com toque de limão.
Khao pat: arroz frito à moda tailandesa.
Kaeng khiao wan nuea: carne bovina com curry verde.
Som tum: salada de papaia verde.
Na rua
Barracas ao ar livre nas ruas servem pratos deliciosos e baratos como espetinhos, sopas, tigelas de arroz etc.
Restaurantes
Oferecem a culinária tailandesa tradicional ou mais moderna e alguns pratos ocidentais. Há muitas opções nos cardápios, em geral traduzidos para o inglês.
Importante
Na Tailândia não é costume dar gorjeta. É proibido fumar em todos os locais públicos.

VISITAS

Templos
Entrada livre e gratuita (salvo nos mais turísticos, que custam B.50). Tire os sapatos para entrar no santuário.
Importante
Traje discreto exigido em to-

WAT RATCHABOPHIT

SANAM LUANG

★ **Grand Palace** (**A** B4)
→ *Thanon Na Phra Lan*
Tel 02 623 55 00 Diariam 8h30-16h30 (última entrada 15h30)
Referência da cidade, cercado por um muro de 1,9km, o Grand Palace marca a fundação de Bancoc, em 1782, tendo sido a residência dos reis até 1925. Com entrada pela capela real, o Wat Phra Kaew tem teto multicolorido, douraduras, um *chedi* e uma *prang* que se projetam para o céu. No centro, um suntuoso *bot* de jade, o famoso buda de esmeralda (com 66cm de altura) é a estátua mais venerada da Tailândia. A saída pelo Pátio de Honra do Grand Palace permite admirar esse grupo de edifícios majestosos, em geral fechados ao público.

★ **Wat Pho** (**A** C5)
→ *Entrada principal pela thanon Thai Wang*
Tel 02 226 03 35 / 02 226 03 69 Diariam 8h-18h30
Esse templo do séc. XVI é o mais antigo da cidade e conta com um mosteiro e uma escola de medicina tradicional. Seu buda reclinado é famoso: do séc. XIX, tem 46m de comprimento. Após contemplá-lo, perca-se no labirinto de pátios, no qual há estupas coloridas e centenas de estátuas a caminho do santuário. Veja também os quatro *chedi* dos reis, cada um dedicado a um soberano da dinastia Chakri. Butique, café e adivinhos.

★ **Museum of Siam** (**A** C5)
→ *4 thanon Sanam Chai*
Tel 02 225 2777
Ter-dom 10h-18h
A história completa da Tailândia, do ano 1000 a.C. aos dias de hoje, apresentada de forma deliberadamente lúdica e interativa em um museu bem recente.

★ **Wat Ratchaphradit** (**A** C4)
→ *Esquina de thanon Rachini c/ thanon Saranrom*
Longe da multidão que se dirige ao Wat Pho, um templo do séc. XIX cheio de serenidade, no qual os monges tiram um cochilo entre as orações. *Bot* de portas laqueadas, *prang* em estilo khmer e *chedi* de mármore cinza.

★ **Wat Ratchabophit** (**A** C4)
→ *Thanon Ratchabophit*
Situado do outro lado do *khlong*, esse templo de 18 é pouco visitado, mas surpreende com suas portas pintadas com figuras de soldados ocidentais. Em torno de um atípico claustr circular e de um *chedi* de 43m, os edifícios são adornados com azulejos de por celana chinesa. O *bot* tem decoração tailandesa e gó ca. As influências "exóticas

GRAND PALACE

WAT PHO

WAT RATCHAPHRADIT

A

Rattanakosin / Banglamphu

Centro histórico e espiritual de Bancoc, Rattanakosin concentra as testemunhas de sua grandeza: o Grand Palace e seus reflexos dourados, o Wat Pho e seu fascinante *chedi*. Ao redor há instituições veneráveis e artérias quase intransponíveis, sendo que aquelas à beira do rio são mais animadas, com suas bodegas e mercados. A paisagem muda ao norte, em Banglamphu e em torno da célebre rua Khao San, ponto de encontro de viajantes do mundo inteiro: há uma profusão de hotéis e restaurantes baratos, bares e barracas de venda de roupas. A dois passos, a rua Phra Athit e seus pequenos cafés atraem os boêmios.

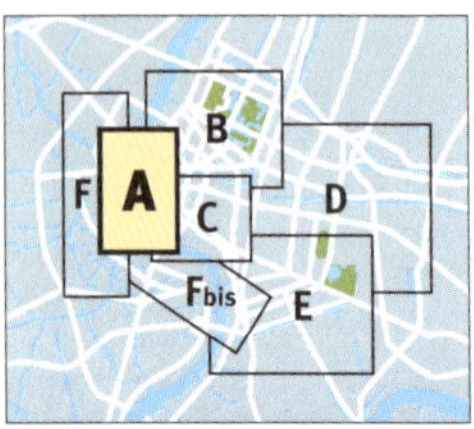

ROTI-MATABA

SWENSEN'S

RESTAURANTES

Roti-Mataba (**A** C1)
→ *136 thanon Phra Athit Tel 02 282 21 19 Ter-dom 9h-22h*
Bodega minúscula e famosa pelos assados e pelas grossas tortas preparados com destreza pela equipe numerosa. Há também uma excelente mataba, que é a torta recheada de carne. Peça a sobremesa de banana. Há três mesas bambas na calçada e um salão meio abandonado no interior. Prato B.11-110, mataba B. 35.

Joy Luck Club (**A** C1)
→ *18 thanon Phra Sumen Tel 02 629 31 12 Diariam 11h-24h*
Pequeno restaurante colorido decorado com desenhos e cheio de objetos: brinquedos, marionetes, figurinhas de mangá. Cozinha familiar tailandesa e vegetariana em ambiente descontraído, às vezes animado. Prato B.65-130.

Rub Aroon (**A** B5)
→ *310 thanon Mahathat (perto de soi Tha Tian) Tel 02 622 23 13 Diariam 8h-18h*
Café simpático com terraço para fazer uma pausa depois de visitar o Wat Pho. Cafés, sucos de frutas, bolos e pratos rápidos tailandeses baratos. Prato B.80-150.

Baan Pla Sot (**A** C1)
→ *Thanon Phra Athit (em frente ao Phra Sumen Fort) Tel 02 629 33 39 Ter-dom 11h-14h, 17h-23h*
Aviso aos distraídos: como indica a tabuleta amarela escrita em tailandês, esse local serve apenas peixe (bon), preparado de todas as maneiras. Mais opções à noite. Prato B.80-350.

Gazebo (**A** C2)
→ *44 thanon Chakraphong Tel 02 629 07 05 Diariam 19h-1h*
Um pouco afastado da rua Khao San, bar-restaurante com atmosfera internacional para saborear um frango satay, uma salada picante e um curry verde ou tomar um coquetel e assistir a um show tarde da noite. Prefira o terraço na cobertura. Prato B.100-200.

SORVETERIA, CAFÉS

Swensen's (**A** B3)
→ *20 thanon Mahathat Tel 02 226 29 54 Diariam 10h-21h30*
A colorida filial da sorveteria de San Francisco na Tailândia é frequentada pelos estudantes da universidade. Serve sorvetes

ALAT THA CHANG

TALAT PHRA CHAN

THANON KHAO SAN

com chá verde, sundaes e irresistíveis fondues de chocolate.

Ricky's (**A** C1)
→ *18 thanon Phra Athit Tel 02 629 05 09 Diariam 8h-22h*
Café com ares de velha quitanda chinesa, atrai viajantes sedentos por um bom café. Moídos na hora, os grãos são do norte da Tailândia.

Saffron (**A** C1)
→ *86 thanon Phra Athit Tel 02 281 42 28 Diariam 8h-21h*
Para comprar e levar ou comer o doce na hora, o endereço é a pâtisserie da família Juang-Panich. Há tortas de cereja, bolos simples ou com creme e biscoitos. Selo de qualidade: esse é o refúgio dos estudantes após as aulas.

ViVi Café (**A** B5)
→ *Soi CIMB Bank (perto da soi Tha Tian), 394/29 thanon Mahathat Tel 02 226 46 72 Diariam 10h-20h*
Um pequeno café às margens do Chao Phraya, com uma bela vista para o Wat Arun. Smoothies, chá, café e sorvete de maracujá ou tamarindo.

BARES

Brick Bar (**A** D2)
→ *265 thanon Khao San (térreo do hotel Buddy Lodge) Tel 02 629 45 56 Diariam 19h-2h*
Em uma rua repleta de bares que rivalizam em decibéis, um bar com música frequentado pela juventude tailandesa. A noite começa com jazz ou blues, e depois pequenos grupos de pop ou ska esquentam o ambiente.

Phranakorn Bar (**A** D2)
→ *58 soi Ratchadamnoen Klang Tai Tel 02 622 02 82 Diariam 18h-1h*
Bar descontraído de um jovem fotógrafo, é ponto de encontro de artistas e tailandeses descolados. Terraço encantador na parte de cima.

TEATRO

National Theatre (**A** B2)
→ *Thanon Na Phra That Tel 02 224 13 42*
Em algumas sextas-feiras e fins de semana, há apresentações no período da tarde das danças tradicionais *khon* e *lakhon*. É difícil obter a programação, que só está disponível um mês antes. Tente diretamente no teatro. B.60-100.

MERCADOS

Pak Khlong Talat (**A** C6)
→ *Thanon Chak Phet Diariam 24 horas*
Mercado fluvial atacadista, muito ativo de manhã e à noite, quando chegam cargas enormes de frutas e legumes. Na rua, dezenas de floristas vendem buquês coloridos embrulhados em papel. Atrás, no mercado de flores, o ar recende ao perfume de orquídeas e jasmins.

Ban Mo (**A** C5)
→ *Thanon Atsadang, thanon Phra Phithak, soi Thip Wari Diariam de dia*
De microprocessadores a componentes de mesas de mixagem, passando por rádios para carros e DVDs, um bairro inteiro dedicado ao som. Na rua Atsadang, pequenos artesãos soldam e fazem reparos sob encomenda.

Talat Tha Chang (**A** B3)
→ *Tha Chang / thanon Na Phra Lan Diariam de dia*
Pracinha animada com algumas bancas onde senhoras vendem refrescantes frutas tropicais, como mangas, mangustões e abacaxis.

Talat Phra Chan (**A** B3)
→ *Thanon Mahathat Diariam de dia*
Maior mercado de amuletos da cidade, movimenta até as ruas ao redor. Medalhões aos montes, estatuetas expostas com destaque e outras efígies em miniatura, tudo para ter boa sorte e se proteger contra os maus espíritos.

Thanon Khao San (**A** C2)
→ *Diariam manhã-1h*
Só para pedestres durante a noite, a rua Khao San vira um grande bazar a céu aberto: suvenires, joias, calças tailandesas, camisetas e bancas de CDs piratas ocupam as calçadas. Cabeleireiros fazem dreadlocks em mochileiros estrangeiros, enquanto a fumaça de lagartas grelhadas se mistura ao aroma do pad thai. Um lugar único.

MASSAGENS

Wat Pho Traditional Massage School (**A** C5)
→ *Thanon Sanam Chai (ou entrada pelo Wat Pho) Tel 02 622 35 50 / 02 221 36 86 Diariam 8h-17h*
Situada no entorno do Wat Pho, uma referência entre as escolas de massagem. Entregue-se às mãos hábeis dos aprendizes de massagista optando entre reflexologia ou massagem tailandesa (B.420/1h).

WAT MAHATHAT

NATIONAL MUSEUM

NATIONAL GALLERY

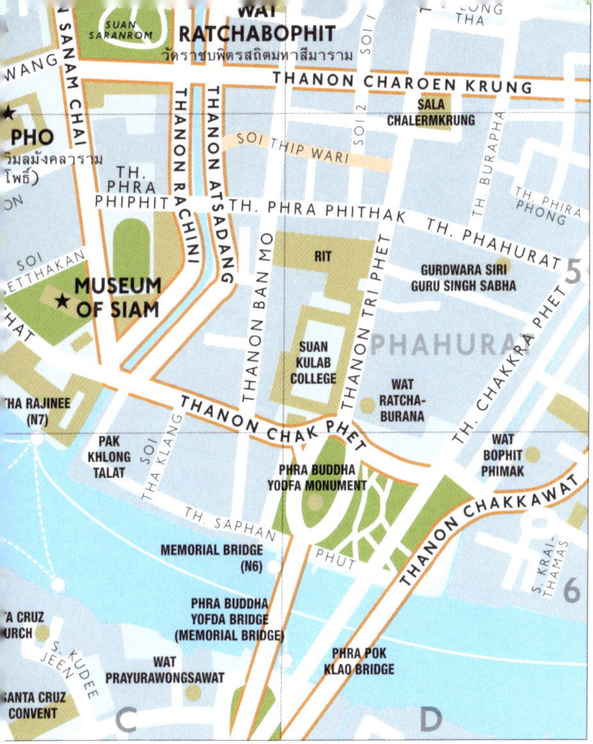

WAT BOWONNIWET

PHRA SUMEN FORT

devem a Rama v, primeiro onarca siamês que viajou Europa.

Sanam Luang (**A** C3)
Campo dos Reis é uma esplanada que abriga cerimônias reais (aniversário do rei, festa do trabalho etc.) e manifestações populares. De fevereiro a abril, dezenas de pipas enchem os ares com um balé colorido.

Wat Mahathat (**A** B3)
Entrada pela thanon Mahathat ou thanon Na Phra Tha
Esse mosteiro de 1783 fica maior universidade budista de Bancoc. Cercada por um jardim com palmeiras, imensa *viharn* lota para oração de domingo. Um lugar cheio de vida, aonde as pessoas vão para meditar, passear e comer um lanche.

★ **National Museum**
(**A** B2)
→ *Thanon Na Phra That Tel 02 224 14 04 Qua-dom 9h-16h* ***Visitas guiadas*** *Qua-qui 9h*
Dentro do antigo palácio do vice-rei, o Museu Nacional é uma introdução perfeita à história e às artes tailandesas. As coleções são expostas sem muito critério, mas exibem uma riqueza extraordinária. A estatuária budista, em particular, mostra a evolução completa dos estilos ao longo das épocas. Visite a capela Buddhaisawan (1787) e seus preciosos afrescos. Restaurante.

★ **National Gallery**
(**A** C2)
→ *4 thanon Chao Fa Tel 02 282 26 39 Qua-dom 9h-16h*
Antiga Casa da Moeda, o elegante edifício amarelo claro de arquitetura europeia (1902) sedia a Galeria Nacional. Pintura tailandesa tradicional no primeiro andar e contemporânea no térreo. Renomadas exposições temporárias.

★ **Wat Bowonniwet**
(**A** D2)
→ *Esquina de thanon Phra Sumen c/ thanon Bowonniwet*
A dois passos da rua Khao San, um pequeno mosteiro real do início do séc. XIX é o refúgio de todos os herdeiros do trono. Aprecie seu alto *chedi* dourado e o *bot* escuro com pinturas murais do monge e artista Khrua In Khong, de meados do séc. XIX.

★ **Phra Sumen Fort**
(**A** C1)
À margem do rio Chao Phraya, uma insólita torre de defesa com ameias evoca o contorno da cidade no fim do séc. XVIII. Ao entardecer, malabaristas, músicos e adolescentes ocupam os gramados. Desfrute uma agradável caminhada ao longo do rio, rumo ao sul.

◄ Mapa A

WAT BENCHAMABOPHIT

DEMOCRACY MONUMENT

★ **Wat Intharavihan** (**B** B2)
→ *Thanon Wisut Kasat*
Denominado de Wat In,esse templo merece ser visitado pela estátua de buda em pé, com 32m de altura. Os dedos de seus pés servem de pequenos altares onde as pessoas depositam guirlandas de flores.

★ **Saint Francis Xavier Church** (**B** B1)
→ *Soi Samsen 11*
Construída com bambu em 1834 e reconstruída em 1863, a Igreja de São Francisco Xavier foi oferecida por Rama III aos vietnamitas católicos, então perseguidos em seu país. No convento ao lado veem-se alunas de uniforme. Na viela há casas de madeira e o cemitério cristão.

★ **Suan Dusit** (**B** C1-D1-2)
→ *Entrada principal pela thanon Ratchawithi Tel 02 628 63 00 Ter-dom 9h30-16h*
Residência temporária de Rama V e sua corte de 1902 a 1906, o parque Dusit é um delicioso refúgio, longe dos ruídos da cidade, com fontes, gramados impecáveis e pontes sobre os canais. O palácio tem as salas do trono e catorze pavilhões, moradas das principescas que viraram pequenos museus reais.

★ **Vimanmek**
Principal atração do Dusit, esse suntuoso palácio de teca clara de 1902, erguido sem nenhum prego, tem um certo ar vitoriano. Visita guiada em 31 dos 72 recintos, nos quais há móveis de época, objetos de arte, suvenires de família e algumas curiosidades como a primeira ducha tailandesa.

★ **Abhisek Dusit**
A antiga sala do trono, de 1904 e inspiração moura, abriga o museu da fundação Support, criada pela rainha Sirikit. Uma bela vitrine para o artesanato tradicional.

★ **Ananda Samakhom**
Encomendada por Rama V e concluída em 1915, após sua morte, essa monumental sala do trono demonstra a atração do monarca pelo Ocidente. O interior surpreende pelas proporções de catedral, capitéis com volutas e profusão de douraduras. Ricos afrescos feitos por artistas italianos contam a história do reino

★ **Wat Benchamabophi** (**B** D2)
→ *Esquina de thanon Sri Ayutthaya c/ thanon Nakhon Pathom*
Erigido no reinado de Ram V, em 1899, o Templo de Mármore, uma referência ao mármore de Carrara dc *bot*, mescla a arquitetura religiosa tailandesa com elementos europeus: proj to em forma de cruz, vitra

WAT INTHARAVIHAN

SAINT FRANCIS XAVIER CHURCH

SUAN DUSIT / VIMANMEK

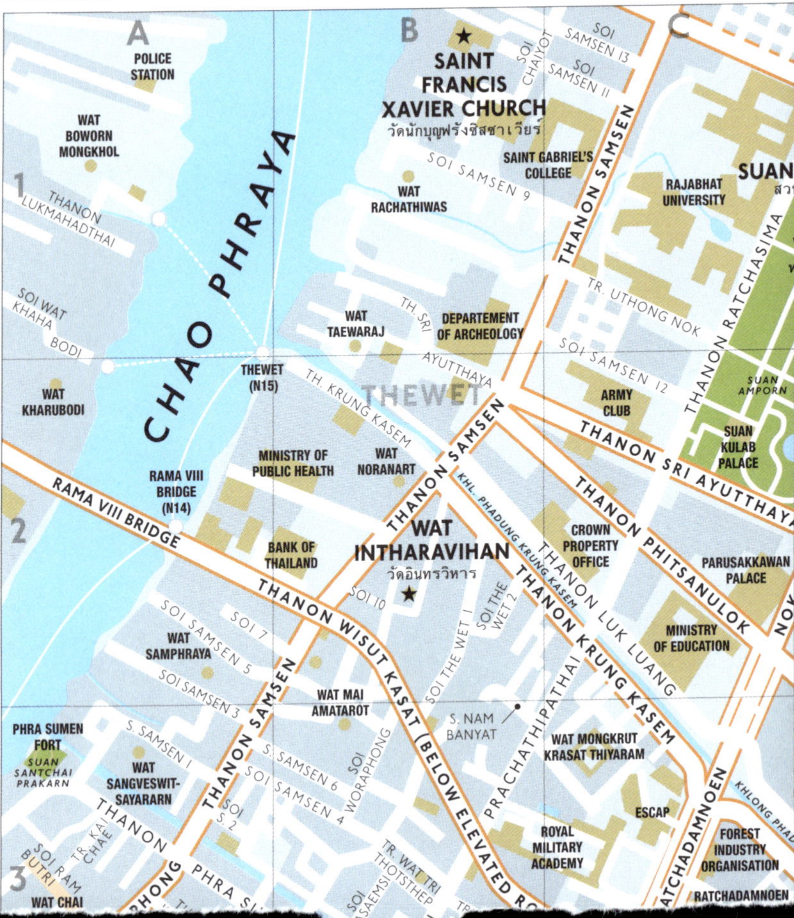

B Thewet / Dusit

Com suas pousadas e terraços arejados, o pacato e pequeno bairro de Thewet é voltado para o rio. A leste, Dusit exala um ar europeu do séc. XIX, por opção de Rama V, após suas viagens ao Ocidente. Há avenidas arborizadas tranquilas, porém sem alma, edifícios oficiais, ministérios e residências reais que compõem o centro do poder político. O parque Dusit e seu antiquado palácio de teca clara, entretanto, seduzem os visitantes. Na direção sul, a agitação recomeça em torno do Democracy Monument e da Ratchadamnoen Klang, rua onde se veem retratos do rei e de chefes de Estado em visita.

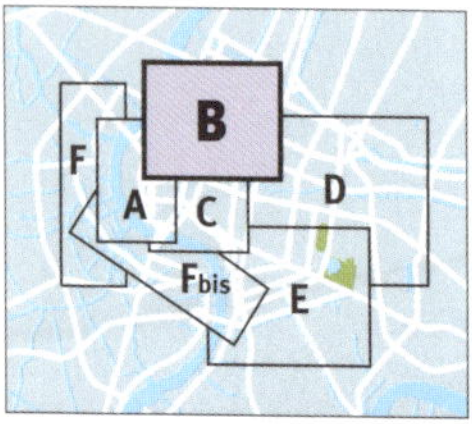

KHINLOM CHOMSAPHAN

OLD BANGKOK INN

RESTAURANTES

Thip Samai (**B** B4)
→ *313 thanon Maha Chai*
Tel 02 221 62 80
Qui-ter 17h-3h
Desde 1966, o melhor pad thai de Bancoc. Preparada em grandes frigideiras, a célebre especialidade tailandesa é servida em sete versões, como caranguejo e camarão. Mas os puristas são fiéis à versão original: natural. Prato B.45-200.

In Love (**B** B2)
→ *2 thanon Krung Kasem (no tha Thewet) Tel 02 281 29 00 Diariam 11h-24h*
Pontão sombreado ao meio-dia e terraço sob as estrelas para uma refeição à noite com o Chao Phraya ao fundo. Os pratos são classificados pelo grau de pimenta, de suave a picante. Para comer camarão frito, vá ao nº 1660. Bar e música ao vivo à noite. Prato B.50-350.

Crown Kitchen (**B** C3)
→ *326 thanon Krung Kasem (entre thanon Prachathipathai e Ratchadamnoen Nok)*
Tel 02 280 06 59
Diariam 10h-21h
Popular casa chinesa, é parada ideal antes de uma luta de boxe no Ratchadamnoen Stadium. Como o cardápio é imenso, aposte nas sugestões do chef: broto de bambu com tiras de carne de porco e o excelente pato grelhado. Prato B.60-300.

Kaloang Home Kitchen (**B** B1)
→ *2 thanon Sri Ayutthaya*
Tel 02 281 92 28
Diariam 11h-22h
No fim da rua, um grande pontão de madeira se ergue bucólico e rústico defronte ao rio. Nele há um restaurante apreciado pelos moradores devido às porções de caranguejo, camarões ao molho de ostra e peixe grelhado. A trilha sonora é uma variedade local extremamente melosa. Prato B.80-290.

Tham Na Restaurant (**B** A2)
→ *175 thanon Samsen (entre soi 3 e soi 5)*
Tel 02 282 49 79 Seg-sáb 11h-15h, 17h-21h
O cardápio desse restaurante vegetariano oferece pratos italianos (massas) e alguns tailandeses. Mas, longe dos curries de sempre, a cozinha cultiva a originalidade, como a versão de salada de papaia com alga e champignon, que vale a pena experimentar. E, para eliminar a poluição, opte pelo chá de raiz de lótus, que supostamente "limpa" os pulmões. Prato B.90-290.

ATCHADAMNOEN STADIUM

TALAT THEWET

TALAT WAT RATCHANADDA

Khinlom Chomsaphan (**B** A2)
→ 11 soi Samsen 3
Tel 02 628 83 82
Diariam 11h-1h
Na entrada há aquários com peixes, mariscos e lagostins, que, depois de escolhidos, podem ser grelhados e servidos no amplo terraço de madeira à beira da água. Clima cordial e música pop e folk ao vivo à noite. Prato B.110-350.

Methavalai Sorndaeng (**B** B4)
→ 78 thanon Ratchadamnoen Klang (Democracy Monument)
Tel 02 221 23 78
Diariam 11h-23h
Com mais de 50 anos, esse clássico sino-tailandês tem mesas bem arrumadas e cozinha aromática. Clientela seleta de homens de negócios. Som de piano ao meio-dia e um quarteto à noite. Prato B.150-450.

CAFÉS, BARES

Milkey Tree Coffee (**B** B4)
→ No recinto do Wat Ratchanadda (entre o templo e o mercado) Tel 081 250 73 12
Diariam 9h-17h
Raro, um café dentro do recinto de um templo, tranquilo, ideal para fazer uma pausa para saborear algo doce ou salgado: café, chá quente ou gelado, sanduíches e roti (tortas acompanhadas de molhos). Wi-fi.

Old Bangkok Inn (**B** B4)
→ 609 thanon Phra Sumen
Tel 02 629 17 87
Diariam 7h-22h
Há seis mesas nesse café elegante e bem cuidado, que parece saído das páginas de uma revista de decoração. Um oásis de tranquilidade no qual é um prazer saborear finos doces caseiros e o chá servido em xícaras de cerâmica.

Krua Mahanak (**B** D4)
→ Thanon Damrong Rak
Tel 02 628 11 11
Diariam 18h-1h
Localizado no 31º andar da torre rosa-choque, o bar panorâmico e lounge do hotel é ideal para tomar um drinque enquanto se aprecia Bancoc do alto. Ou para soltar a voz no karaokê.

Brown Sugar (**B** B3)
→ 469 Wanchat Junction, thanon Phra Sumen
Tel 089 155 52 63
Diariam a partir das 8h (clube de jazz a partir das 17h)
Um velho clube de jazz intimista com fotos preto e branco, trompetes e discos de vinil pendurados na parede. Um clássico da noite de Bancoc. Shows todas as noites.

BOXE TAILANDÊS, HIPISMO

Ratchadamnoen Stadium (**B** C3)
→ Thanon Ratchadamnoen Nok Tel 02 281 08 79
***Lutas** Diariam 18h30*
Vá ao mais velho estádio de boxe tailandês do país e sinta a atmosfera delirante que envolve esse esporte nacional. Há sete ou oito lutas por noite envolvendo apostas e uma torcida vibrante. B.1.000-2.000.

Royal Turf Club (**B** D3)
→ 183 thanon Phitsanulok
Tel 02 628 18 10
***Provas** 1 dom a cada 2, à tarde*
Esse imenso clube hípico é um dos dois da cidade e revela a paixão local pelo esporte desde o início do séc. XX. As tribunas fervem a cada começo de prova e os apostadores são bem ruidosos. B.50-300.

MERCADOS

Talat Thewet (**B** B2)
→ Esquina de thanon Krung Kasem c/ thanon Samsen
Diariam de dia
Na margem sul do *khlong* há pequenas barracas de floristas repletas de lindas plantas arrumadas com esmero. Em frente fica o mercado de alimentos do bairro.

Talat Wat Ratchanadda (**B** B4)
→ Thanon Maha Chai
Diariam de dia
Ao longo do templo Wat Ratchanadda, o mercado de amuletos tem um vasto estoque de estátuas, bronzes e pingentes. As divindades do bramanismo se misturam com budas *mahayana* e *theravada*.

Talat Bobe (**B** D4)
→ Entre thanon Damrong Rak, thanon Krung Kasem e khlong Mahanak Diariam 6h-17h
Sob uma praça coberta e nas vielas ao redor, um grande mercado de roupas infantis principalmente da China, a preços imbatíveis.

GALERIA DE ARTE

Queen's Gallery (**B** B4)
→ 101 thanon Ratchadamnoen Klang (esquina c/ thanon Phra Sumen) Tel 02 281 53 60 Qui-ter 10h-19h
Inaugurada em 2003, a galeria de arte de quatro andares tem a rainha Sirikit como madrinha. Espaços amplos e iluminação suave destacam as obras de artistas asiáticos.

JAN DUSIT / ABHISEK DUSIT

SUAN DUSIT / ANANDA SAMAKHOM

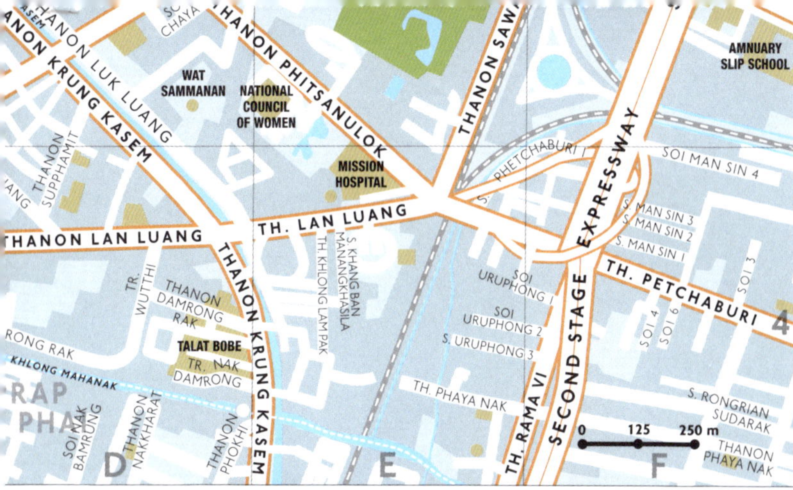

◀ Mapa C/D

AT RACHANADDA

GOLDEN MOUNT

WAT SRAKET

c. O claustro tem 53 bu-
as de toda a Ásia ilustran-
várias representações
Iluminado. Belos jardins
m canteiros de flores,
ncos vermelhos e pontes
egantes, onde se veem
monges do mosteiro.

Dusit Zoo (**B** D1)
Entrada pela thanon Ratcha-
thi ou thanon Uthong Nai
02 281 90 27
ariam 8h-18h
m 19ha e mais de 2 mil
imais, inclusive hipopó-
mos, macacos, elefantes e
res brancos. Pedalinhos,
cicletas, um minitrem e
rveteiros animam o local,
stante frequentado por
nílias aos domingos.

★ **Democracy Monument** (**B** B4)
Cercado por um movimento trepidante, esse estranho monumento com quatro "asas" (Feroci, 1939) faz alusão ao golpe de estado que, em 24 de junho de 1932, instaurou a monarquia constitucional.

★ **Rattanakosin Exhibition Hall** (**B** B4)
→ *100 thanon Ratchadamnoen Klang Tel 02 621 00 44 Ter-dom 11h (10h sáb-dom)-20h*
A história da cidade desde 1782, com sua arquitetura, suas tradições e seu artesanato, em um museu novo em folha bastante interativo.

★ **Wat Rachanadda** (**B** B4)
→ *Esq. de thanon Maha Chai c/ thanon Ratchadamnoen Klang*
Vale a pena ver esse templo do séc. XIX por seu surpreendente Loh Prasat, uma estrutura inspirada em um mosteiro do Sri Lanka, construída em seis níveis, com 37 pavilhões pequenos e coroada com flechas de metal. Um labirinto de corredores conduz às celas de meditação.

★ **Golden Mount** (**B** C4)
→ *Entrada pela thanon Boriphat ou thanon Chakkraphatdi Phong Diariam 5h30-17h30*
O nome pomposo, Monte de Ouro, designa uma pequena colina artificial feita no séc. XIX, à imagem do monte Meru, com um *chedi* dourado de 78m de altura. Do alto dos 318 degraus tem-se uma linda vista da cidade, com destaque para os telhados vermelhos dos templos e, ao longe, os prédios dos bairros modernos.

★ **Wat Sraket** (**B** C4)
Situado no sopé do Golden Mount, esse grande templo remonta às origens da cidade, no fim do séc. XVIII, quando servia de crematório popular fora das muralhas. Hoje mais tranquilo, abriga, em meio aos edifícios monásticos, uma graciosa biblioteca sobre estacas, adornada com janelas laqueadas.

WAT MANGKON KAMALAWAT

WAT KHANIKA PHON

LI THI PIEW

★ **Wat Suthat** (**C** B1)
→ *Thanon Bamrung Muang*
Diariam 8h30-21h
Ao norte de Chinatown, é um dos templos mais belos e amplos da cidade, tendo sido encomendado por Rama I para abrigar um buda de bronze de 8m que foi trazido de Sukhothai no séc. XVIII. O pátio tem pequenos pagodes chineses e uma galeria com 156 estátuas do buda. Na praça externa, o antigo pórtico vermelho do séc. XVIII, com um balanço imenso, era local de cerimônias bramanistas. Na rua, uma série de bancas vende oferendas de todos os tipos e budas de todos os tamanhos.

★ **Suan Rommaninat** (**C** B2)
→ *Entrada pela thanon Maha Chai ou thanon Siripong*
Um jardim público em plena efervescência desde o início da manhã, quando Bancoc desperta. Senhoras chinesas fazem tai-chi ou tagarelam nos gramados, homens correm, o coral local ensaia, jogadores de bola gritam em mandarim e ginastas se exercitam nos aparelhos. Mas quando o hino nacional toca nos alto-falantes, às 8h em ponto, todos param para entoar algumas notas patrióticas.

★ **Gurdwara Siri Guru Singh Sabha** (**C** B3)
→ *Talat Phahurat (entrada pela thanon Phahurat ou thanon Chakkra Phet)*
Em um labirinto de ruelas no meio do mercado indiano surge esse templo sikh de seis andares. O elevador leva à sala de culto no quarto andar, onde os fiéis de turbante e sáris coloridos ficam em clima de recolhimento, ao som de cânticos e tablas. É obrigatório cobrir a cabeça.

★ **Wat Chakkawat** (**C** B3)
→ *Thanon Chakkawat*
Pouco frequentado, esse templo resplandecente projeta no céu dois peque nos *prang* decorados com cerâmicas chinesas. À direita da entrada, um outeiro artificial tem cavidades que abrigam estátuas. Su face revela uma curiosa silhueta negra: a sombra do buda.

★ **Thanon Yaowarat** (**C** C3)
Pitoresca e atravancada, a centenária e emblemática artéria de Chinatown corta o bairro por 1,5km, ladeac por 132 ourives e por boticários tradicionais. À noit anúncios luminosos e dezenas de biroscas deixam-na com a atmosfera de uma pequena Hong Kong

WAT SUTHAT

SUAN ROMMANINAT

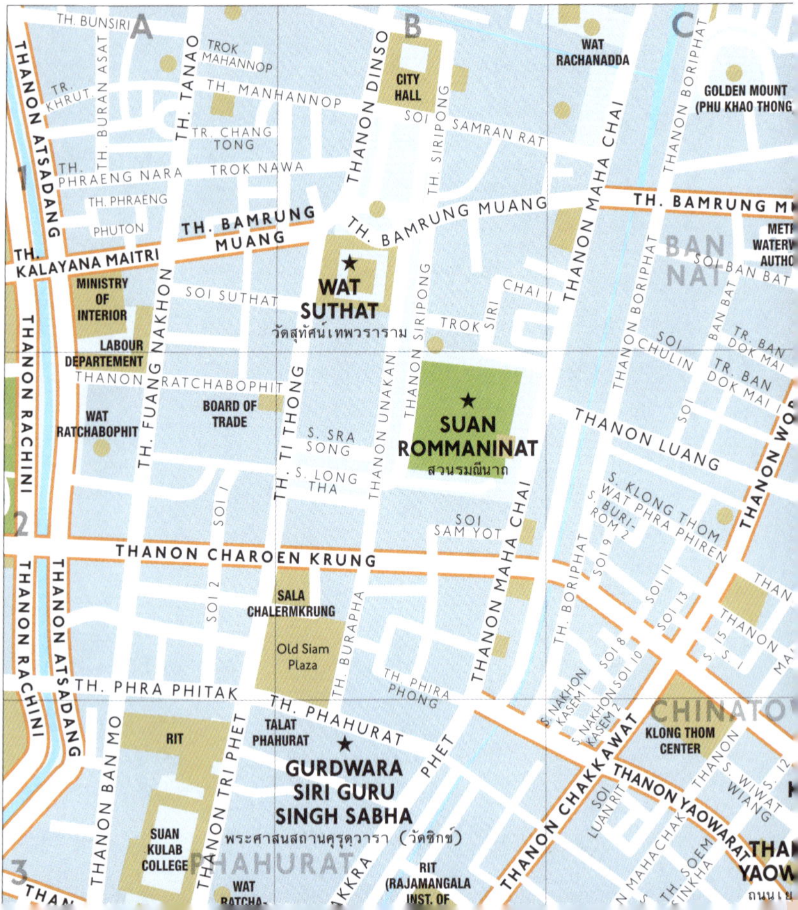

C Chinatown / Phahurat

Mergulhe no universo fascinante de Chinatown, bairro frenético com vielas secretas salpicadas de templos taoistas, lojas de herboristas e mercados agitados. É um prazer se perder aí seguindo a multidão entre as butiques da Sampeng Lane, antes de entrar na soi Itsaranuphap, onde são vendidas vísceras misteriosas com odores penetrantes. No centro do burburinho, a rua Yaowarat se ilumina à noite e fica lotada de barracas fumegantes. A oeste sentem-se os mil e um perfumes de Phahurat, vindos de lojas de especiarias e do colorido mercado da pequena comunidade indiana.

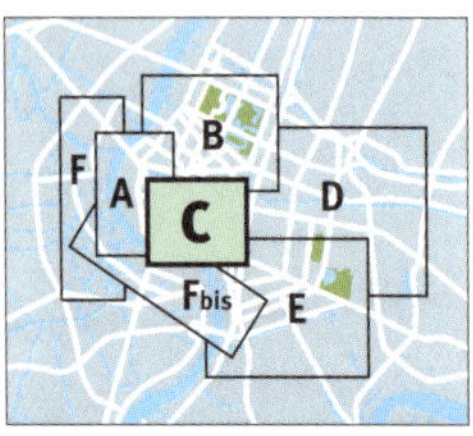

SHANGRI LA

HUA SENG HONG

RESTAURANTES

Hoon Kuang (**C** D3)
→ *381 thanon Yaowarat*
Tel 02 623 03 16
Seg-sáb 11h-19h30
Decoração antiquada e seis mesas, para se deleitar com os tom yum e os rolinhos primavera. As paredes exibem fotos da Velha Bancoc, uma Mona Lisa e alguns artigos de críticos gastronômicos elogiando as qualidades desse excelente endereço. Prato B.50-200.

Royal India (**C** B3)
→ *392 thanon Chakkra Phet*
Tel 02 221 65 65
Diariam 10h-22h
Escondido em uma viela do bairro indiano, esse minúsculo restaurante logo ganhou fama por sua saborosa cozinha do Punjab. No menu há dhal, raita, naan, frango tikka, lassi e thalis para almoços rápidos. Prato B.60-200.

Maturos (**C** D3)
→ *Soi Texas, 2-8 thanon Phadung Dao*
Tel 086 000 06 70
Diariam 17h-23h
Grelhados, fritos, com ervas ou especiarias... Na birosca ao ar livre de Toto há peixes preparados de todas as maneiras, além de polvo, caranguejo, camarão, ostra e mexilhões. Simples, popular e muito barato. Prato B.80-280.

Lao Li (**C** D3)
→ *457 thanon Yaowarat*
Tel 02 223 03 25
Diariam 11h-24h
O sr. Lao Li cedeu à filha os fornos do pequeno estabelecimento familiar que exala os perfumes sutis da gastronomia chinesa. De sobremesa, ninhos de andorinha e os tradicionais gingos e bolas de gergelim com xarope. Prato B.150-1.000.

Shangri La (**C** D3)
→ *306 thanon Yaowarat*
Tel 02 224 59 33
Diariam 10h-22h
Essa instituição fica lotada ao meio-dia devido ao seu dim sum, tão bom quanto o de Cantão. Ambiente luminoso e agradável no térreo e mais chique no andar de cima, onde famílias chinesas se reúnem ao redor de grandes mesas redondas. Dim sum B.40, prato B.180-1.500.

Texas Suki (**C** D3)
→ *17 thanon Phadung Dao*
Tel 02 223 98 07
Diariam 11h-23h
Herdado do antigo teatro Texas, que também deu nome ao bairro, um alegre salão especializado em sukiyaki. O próprio cliente cozinha os ingredientes

SALA CHALERMKRUNG

BAN BAT

SAMPENG LANE

como carne, legumes etc. Lúdico e delicioso. Sukiyaki B.200. Prato B.35-55.

Hua Seng Hong (**C** D3)
→ *371 thanon Yaowarat*
Tel 02 222 06 35
Diariam 9h-1h
Pato laqueado e dim sum fumegante atraem os apreciadores de opções refinadas, como a sopa de barbatana de tubarão, muito valorizada pelos chineses. Prato B.250-1.500.

CAFÉ, TEATRO

On Lok Yun (**C** B2)
→ *72 thanon Charoen Krung (no beco que leva ao Old Siam Plaza) Tel 02 223 9621*
Diariam 5h-16h30
Nada parece ter mudado (nem mesmo os preços!) nesse café aberto há 70 anos onde os habitantes da cidade passam para tomar um café ou levar a sangakhaya, versão tailandesa do creme inglês no qual se mergulham pedaços de pão.

Sala Chalermkrung (**C** A2)
→ *Esquina de thanon Tri Phet c/ thanon Charoen Krung*
Tel 02 224 44 99
Espetáculos *Qui-sex 19h30 (telefone antes)*
www.salachalermkrung.com
O teatro real (1933), em estilo art déco, é um dos raros lugares de Bancoc onde há apresentações de grupos de *khon*. Legendas (curtas) em inglês.

COMPRAS

Ban Bat (**C** C1)
→ *Entre soi Ban Bat e thanon Boriphat Diariam por volta de 8h-17h.*
Nesse emaranhado de vielas, os artesãos fazem tigelas de esmola *(bat)* desde o séc. XVIII. Venha ver a comunidade trabalhando: marteladores, polidores, cada um se dedica a uma das seis etapas da fabricação.

Nakhon Kasem (**C** C3)
→ *Soi Nakhon Kasem 1 e 2 (soi Charoen Krung 8 e 10)*
Diariam de dia
O antigo mercado que servia de ponto de receptação de mercadoria roubada tornou-se um local respeitável e hoje vende apetrechos e instrumentos musicais.

Klong Thom Center (**C** C3)
→ *Entre thanon Chakkawat, Charoen Krung e Mahachak*
Diariam 8h-17h
Nas vielas desse centro de bugigangas há de televisões a inúmeras opções de CDs e DVDs. Na fervilhante rua Mahachak, a caótica exposição de mercadorias inclui tesouras de podar, relógios pirateados, capacetes de motociclista e regadores, entre outros itens.

Saphan Put Night Market (**C** A3)
→ *Thanon Saphan Phut*
Qui-ter por volta de 19h-24h
Situado aos pés da Memorial Bridge, esse mercado noturno atrai jovens ligados em moda com camisetas, bolsas, jeans etc. pelos menores preços da cidade. Há também peças de segunda mão.

Talat Phahurat (**C** B3)
→ *Thanon Phahurat*
Diariam de dia
Em um labirinto de vielas, esse mercado indiano exibe baús lotados de *bindi* (joias), tecidos, sáris e outros belos panos. Há também estátuas de Ganesh, chás condimentados e sucessos de Bollywood, sem contar as bancas de chamuças e curries iguais aos de Nova Déli.

Old Siam Plaza (**C** B2)
→ *Entradas thanon Tri Phet, Phahurat ou Burapha*
Diariam 9h-21h
Atrás de uma elegante fachada pseudocolonial, um templo do consumo: eletrônicos, telefones, joias, roupas, tecidos etc. Para os gourmands há balcões de guloseimas coloridas.

Sampeng Lane (**C** C3)
→ *Soi Wanit 1*
Diariam de dia
A viela de casas de jogos e de ópio do séc. XIX virou símbolo do consumismo frenético: bijuterias, calçados esportivos, acessórios, presentes cafonas e outros bibelôs inusitados. Há numerosas lojas de tecidos no lado oeste.

Kao Talat (**C** D3)
→ *Soi Itsaranuphap (ao sul da thanon Yaowarat)*
Diariam de manhã
Um discreto pórtico chinês anuncia esse "velho mercado" de dois séculos escondido atrás dos prédios. Na praça coberta há frutas, legumes e peixes frescos.

Soi Itsaranuphap (**C** D3)
→ *Entre thanon Charoen Krung e thanon Yaowarat*
Diariam de dia e de noite
Escura e estreita, a mais pitoresca das vielas de Chinatown é ladeada de lojas que vendem ginseng, especiarias, cogumelos, guloseimas coloridas, peixes secos e torresmo acondicionado em sacos.

RDWARA SIRI GURU SINGH SABHA

WAT CHAKKAWAT

THANON YAOWARAT

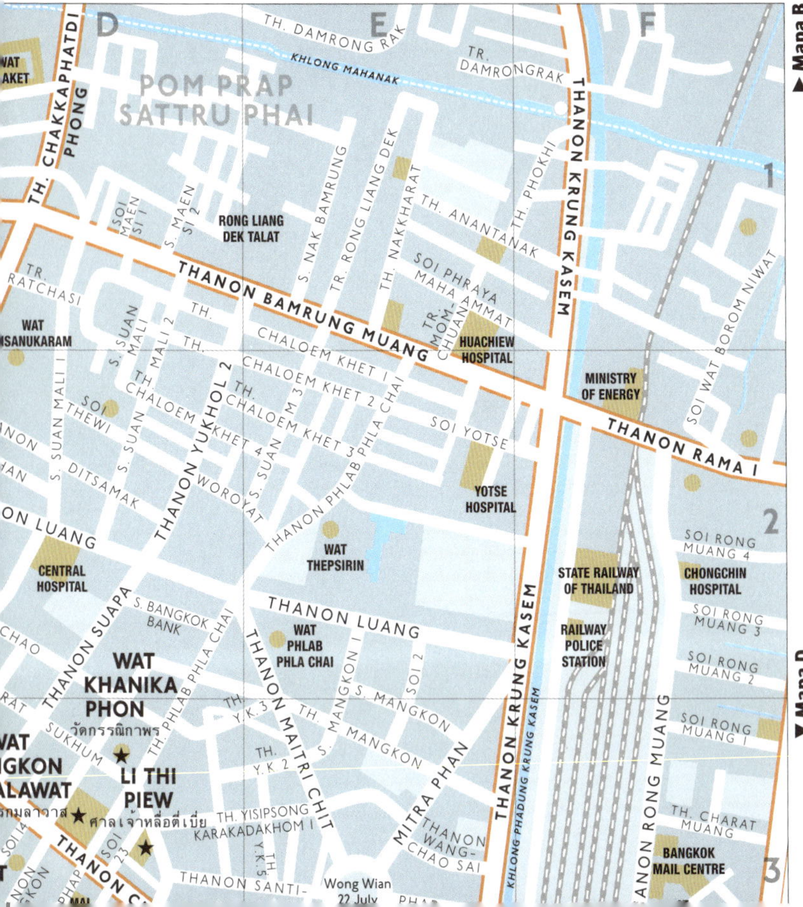

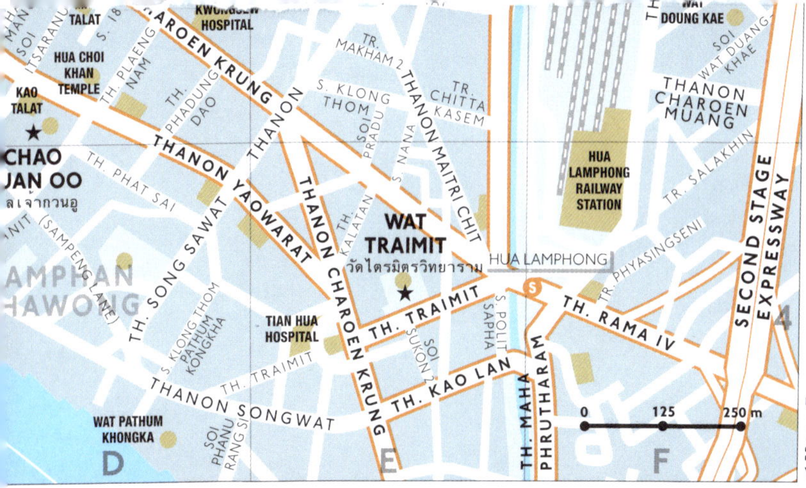

AO KUAN OO

WAT TRAIMIT

Wat Mangkon
malawat (**C** D3)
Esquina de thanon
aroen Krung c/ thanon
ngkon
condido no fundo de
pátio, esse templo
dista de 1871, também
amado de Lang Noi
e, é da linha *mahayana*,
nais difundida na
ina. Veem-se lanternas
melhas, dragões ondu-
tes nos tetos, nuvens
fumaça acre, montículos
oferendas e o vaivém
essante de gente fazen-
orações. O Wat Mang-
Kamalawat acomoda
bém alguns altares
istas e confucionistas.

★ **Wat Khanika Phon** (**C** D3)
→ *Esquina de thanon Phlab Phla Chai c/ soi Itsaranuphap*
Esse templo clássico conta uma história não tão clássica assim: seu nome significa "a Mulher que vendia mulheres", pois foi fundado em 1833 por Yai Faeng, dona de um antigo prostíbulo que desejava se redimir.

★ **Li Thi Piew** (**C** D3)
→ *494 thanon Phlab Phla Chai*
Passado o portal, um buda risonho e obeso recebe no pátio os fiéis que vão acender velas e bastões de incenso – três para o buda e nove para o rei. Divindades taoistas e budistas compartilham o templo, que é adornado com uma série de tapeçarias e afrescos.

★ **Chao Kuan Oo** (**C** D3)
→ *Esquina de soi Itsaranuphap c/ soi Wanit 1*
Diariam 6h-17h
Nesse santuário taoista minúsculo e trepidante, uma fumaça espessa de incenso envolve uma cabeça de cavalo dourada, com fama de dar sorte. Cada oferenda de legumes é acompanhada da invocação "sorte, saúde e sucesso!" e do tilintar de guizos.

★ **Wat Traimit** (**C** E4)
→ *Esquina de thanon Charoen Krung c/ thanon Traimit Tel 02 623 33 29*
Diariam 8h-17h
***Museu** Ter-dom 8h-16h30*
Templo venerado por seu buda de ouro maciço do séc. XIII, com 5,5 toneladas e 3m de altura, considerado o maior do mundo. Como consta na programação de passeios organizados, vive apinhado de turistas usando crachás com seu nome e tentando imitar os costumes locais. Encontram-se inclusive casas de câmbio. No entorno há um museu consagrado a Chinatown.

SUAN PAKKAD PALACE

BAIYOKE TOWER

BANGKOK DOLLS

★ Jim Thompson's House (**D** B2)
→ *6 soi Kasem San 2*
Tel 02 216 73 68
Diariam 9h-17h
Linda casa de teca tradicional datada de 1959, pertenceu a Jim Thompson (1906-1967), magnata americano que deu novo impulso à seda tailandesa. Ladeada por um *khlong* e um jardim exuberante, essa residência virou um museu com rica coleção de arte asiática. Há tesouros como um busto de buda do séc. VI, estátuas khmer do séc. XI e tapeçarias do séc. XIX. Conta com café, loja e espaço de exposições.

★ Bangkok Art and Culture Center (**D** B3)
→ *939 Thanon Rama I*
Tel 02 214 6630
Ter-dom 10h-21h
www.bacc.or.th
Inaugurado em 2008, o novo centro da arte contemporânea, com destaque para as esculturas gigantescas. Exposições de artistas tailandeses e internacionais.

★ Siam Ocean World (**D** C3)
→ *Siam Paragon (nível B1-B2, subsolo), thanon Rama I*
Tel 02 687 20 00
Diariam 10h-22h
Recente e espetacular, o maior aquário da Ásia tem uma sala dedicada a espécies "bizarras e maravilhosas", como enormes caranguejos-gigantes e baiacus. Como o museu é interativo, podem-se tocar as estrelas-do-mar, ver focas se alimentando e nadar com tubarões.

★ Wat Pathumwanaram (**D** C3)
→ *Thanon Rama I*
Faça uma pausa espiritual entre dois centros comerciais indo a esse templo calmo e discreto do séc. XIX. Os monges recebem no estreito *bot* adornado com pinturas murais.

★ Thao Maha Brahma (**D** D3)
→ *Esquina de thanon Ratchadamri c/ thanon Ploen Chit*
Diariam 6h-23h
Em um ruidoso cruzamen[to] e embaixo de um hotel de luxo, o pequeno santuário (1955) é quase surrealista. Dedicado a Brahma e a se[u] elefante Erawan, atrai mu[lti]dões que vão orar, acende[r] incenso e fazer oferendas para atrair boa sorte. O m[o]vimento aumenta nos dia[s] de loteria.

★ Chulalongkorn University (**D** B3)
Quase centenária e com 150ha, a universidade ma[is] renomada do país é uma verdadeira cidade dentro de Bancoc.

◀ Mapa E

JIM THOMPSON'S HOUSE

SIAM OCEAN WORLD

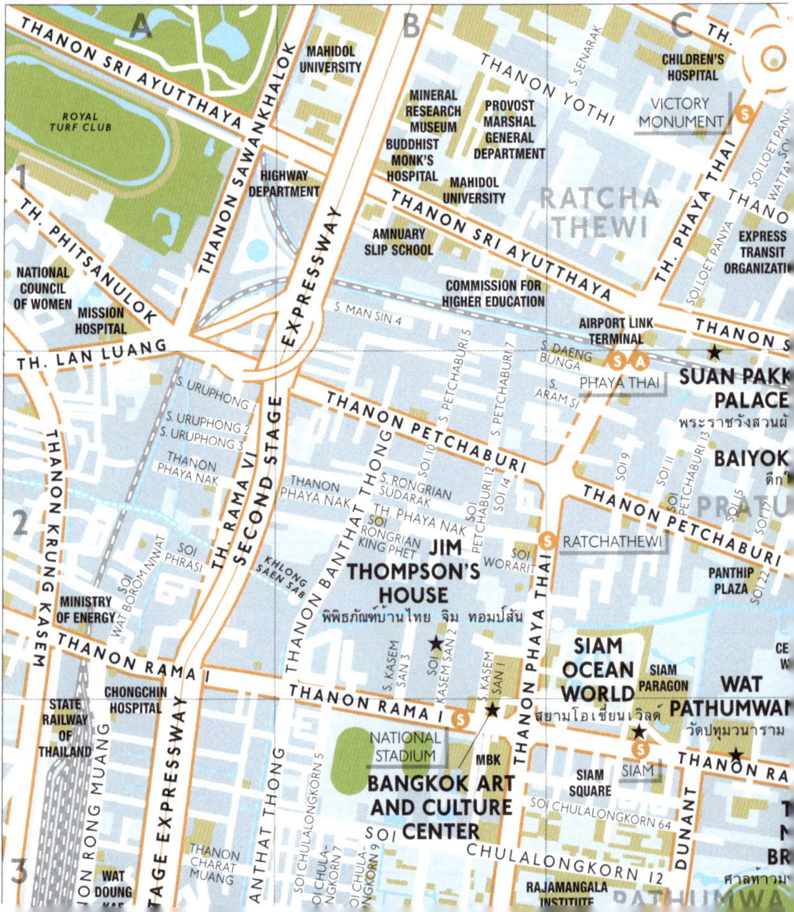

D

Siam Square / Pratunam / Sukhumvit

Reino das compras, a Bancoc moderna tem shoppings gigantescos em torno da Siam Square, servidos pelo futurista Skytrain. Ao norte, a torre Baiyoke, ponto de referência eficaz, indica o fervilhante bairro de Pratunam. Nesse universo de consumo desenfreado, vê-se volta e meia um templo sereno, casas de teca tradicionais e altares para ritos centenários. A leste, ladeada por faiscantes torres de vidro e ponto de estrangeiros, a interminável Sukhumvit Road e sua intensa vida noturna. As *soi* (vielas) no entorno têm um certo ar provinciano e restaurantes charmosos.

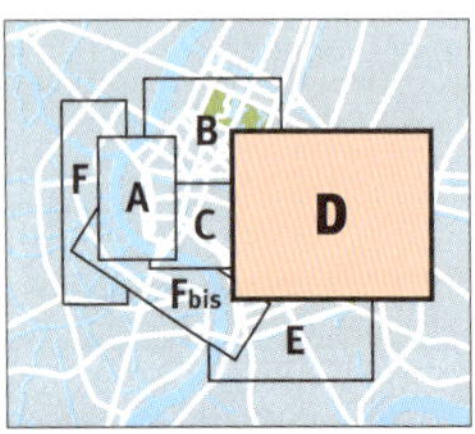

ONCE UPON A TIME...

HAN KOOK KWAN

RESTAURANTES

Cabbages & Condoms (**D** F4)
→ *10 soi Sukhumvit 12 Tel 02 229 46 10 Diariam 11h-22h*
Esse restaurante diferente pertence a uma célebre fundação voltada ao planejamento familiar nas aldeias tailandesas. Cozinha tradicional para degustar em um salão com ar-condicionado, num jardim frondoso ou no terraço. Música todas as noites. Prato B.120-300.

Once upon a time... (**D** C2)
→ *32 soi Petchaburi 17 Tel 02 252 86 29 Diariam 11h-0h30*
Era uma vez... Composto por duas casinhas de madeira de 80 anos decoradas com fotos antigas e mesas à sombra de mangueiras. Refúgio atemporal, serve pratos atraentes com aromas cítricos, de ervas e de tamarindo. O vinho da Tailândia na taça recende a manjericão. Prato B.140-400.

Crêpes & Co. (**D** D3)
→ *59/4 Soi Lang Suan 1 Tel 02 653 39 90 Seg-sáb 9h-23h*
Os garçons usam boina, lenço vermelho e pulôver nesse cantinho da França localizado numa viela ao pé dos arranha-céus. O destaque são os crepes salgados e doces com mais de cem recheios diferentes. O brunch dominical é ótimo e há um jardim luxuriante e almofadões. Prato B.140-600.

Han Kook Kwan (**D** F3)
→ *19/26 soi Sukhumvit 19 Tel 02 253 50 90 Diariam 11h-15h, 17h-22h30*
Escondido em uma viela, um grill coreano para fazer uma pausa entre dois pad thai. O próprio cliente grelha tiras de carne, polvo ou frango e escolhe o molho e os legumes de acompanhamento. Go chu jang B.170-540.

Baan Khanitha (**D** F3)
→ *36 soi Sukhumvit 23 Tel 02 258 41 28 Diariam 11h-23h*
Uma residência tradicional decorada com esmero, na qual ocidentais e tailandeses abastados se deliciam com camarão ao leite de coco e pato assado com curry vermelho e passas. Terraço e jardim. Prato B.180-980.

CAFÉS, BARES, CASAS NOTURNAS

Café de Norasigh (fora do mapa **D** C1)
→ *Phaya Thai Palace, 315 Thanon Ratchawithi Tel 02 354 83 76 Diariam 8h30 (10h30 sáb-dom)-19h*
No antigo saguão de re-

ED SUPPERCLUB

SIAM PARAGON

SIAM SQUARE

cepção do Phaya Thai Palace, construído em 1909 e hoje uma dependência do hospital Phramongkutklao, um café à moda de Viena: acabamento em madeira, molduras e frisos de época. Um luxo! Pratos rápidos.

Erawan Tea Room (**D** D3)
→ *494 thanon Ploen Chit Erawan Bangkok Building (1º andar) Tel 02 254 12 34 Diariam 10h-22h*
É o salão de chá do Grand Hyatt, com móveis de madeira, cerâmicas e arte tailandesas. Para tomar um chá e saborear um arroz grudento com manga enquanto se assiste ao balé dos dançarinos do santuário de Erawan, mais abaixo.

The Dubliner
(fora mapa **D** F4)
→ *440 thanon Sukhumvit Tel 02 204 18 41 Diariam 10h-1h* ***Shows*** *Ter, sex (noite) e dom (tarde)*
Genuíno pub irlandês frequentado por expatriados, oferece cerveja Guinness e Kilkenny, bilhar e música ao vivo.

Saxophone (**D** C1)
→ *3/8 thanon Phaya Thai (Victory Monument) Tel 02 246 54 72 Diariam 18h-1h (shows a partir das 19h30) www.saxophonepub.com*
Apontado como um dos melhores bares com música da cidade, tem jazz de segunda a quinta e blues intercalado com reggae e música latina de quinta a domingo. Dois ou três grupos por noite.

Bed Supperclub (**D** F3)
→ *26 soi Sukhumvit 11 Tel 02 651 35 37 Diariam 19h30-2h bedsupperclub.com*
Parecendo um OVNI na viela, o bar e boate mais badalado da noite de Bancoc aposta no design, em muito branco, numa decoração futurista e... em camas! A clientela exibida se recosta e beberica antes de ir para a pista de dança ao lado.

Q Bar (**D** F3)
→ *34 soi Sukhumvit 11 Tel 02 252 32 74 Diariam 21h-3h*
Inspirado nas noites de Nova York, esse clube glamouroso recebe os jovens expatriados abastados ao som de funk, hip-hop, groove, house e jungle a cargo dos melhores DJs do planeta. Há um espaço de descanso no térreo e um terraço para tomar ar. O lugar é pequeno, vive lotado e faz uma seleção rigorosa na entrada.

MARIONETES

King Power Complex (**D** C1)
→ *8/2 Thanon Rang Nam Tel 02 205 88 88 Diariam 17h*
No terceiro andar, o restaurante Ramayana oferece em seu jantar-espetáculo (bufê internacional) um show de marionetes *(hun lakhon lek)* e de dança tradicional (30min), algo que se tornou raro em Bancoc.

COMPRAS

MBK Center (**D** B3)
→ *Esq. de thanon Phaya Thai c/ thanon Rama I Tel 02 620 90 00 Diariam 10h-22h*
O centro comercial mais popular de Bancoc recebe 105 mil pessoas por dia. Com oito andares e 89 mil m^2, tem cerca de 2 mil lojas de moda, cosméticos, artigos de couro, móveis, telefonia etc. É ideal para fazer compras em tempo recorde. Praça de alimentação no sexto andar.

Siam Paragon (**D** C3)
→ *Thanon Rama I Tel 02 610 80 00 Diariam 10h-22h*
O mais novo templo de consumo está sempre cheio. Turistas em busca de pechinchas e tailandeses loucos por uma vitrine se acotovelam nas lojas atrás dos últimos lançamentos. Para matar a fome entre uma compra e outra, existe uma imensa praça da alimentação no térreo e um cinema.

Siam Square (**D** C3)
→ *Soi Siam Square 1 a 11 Diariam à tarde e à noite*
Uma profusão de vielas para pedestres abriga as lojas favoritas da juventude local, com a última moda em joias, acessórios, calçados e roupas. Grande quantidade de cafés, sorveterias e fast-foods.

Central World (**D** C2)
→ *Thanon Ratchadamri Tel 02 635 11 11 Diariam 10h-22h*
O maior shopping center da cidade tem moda chique, ambiente elegante e preço à altura. Karaokê e cinema no sétimo andar e uma midiateca ultramoderna no oitavo.

Talat Pratunam (**D** D2)
→ *Entre soi Petchaburi 21 e thanon Ratchaprarop Diariam de dia*
Esse labirinto de vielas cobertas tem uma variedade impressionante de roupas, de camisetas kitsch à última tendência, de meias a vestidos tradicionais, tudo a preços bem interessantes.

Panthip Plaza (**D** C2)
→ *Thanon Petchaburi (em frente à soi 17 e a oeste da soi 22) Diariam 10h-21h*
O paraíso da informática. Cinco andares com dezenas de pequenas lojas que vendem computadores, MP3, câmeras etc.

AT PATHUMWANARAM

THAO MAHA BRAHMA

CHULALONGKORN UNIVERSITY

AO MAE TUPTIM

BAN KAMTHIENG

useum of Imaging
chnology (**D** B4)
Faculty of Science / Thanon
aya Thai Tel 02 218 55 83
g-sex 10h-15h
terceiro andar há uma
posição de câmeras foto-
áficas antigas, algumas
s quais pertenceram
Rama VII, e no sexto,
na galeria.

Suan Pakkad Palace
C2)
352 thanon Sri Ayutthaya
02 245 49 34
riam 9h-16h
ntiga residência do casal
ncipesco Chumbhot,
mposta de oito casas de
deira do séc. XIX, é um
sis verde entre um prédio de vidro, uma concessionária de carros e uma avenida apinhada. O local exibe coleções de cerâmicas chinesas, máscaras *khon* etc. Ponto alto da visita: o pavilhão de laca com uma biblioteca do séc. XVII.

★ **Baiyoke Tower** (**D** D2)
→ *Thanon Ratchaprarop*
Tel 02 656 30 00
Diariam 10h30-22h
Com sua silhueta alongada de 309m, a torre mais alta da Tailândia paira acima dos telhados de Bancoc. Do alto se vê uma floresta de arranha-céus. A entrada dá direito a bebida e pipoca no bar no 83º andar, além da vista do pôr do sol.

★ **Bangkok Dolls** (**D** D1)
→ *85 soi Ratchataphan*
Tel 02 245 30 08
Seg-sáb 8h-17h
Após as vias expressas elevadas, uma ruela leva ao ateliê, butique e museu de Thongkorn Chandavimol, especialista tailandesa em bonecas tradicionais. As prateleiras exibem mulheres em trajes típicos e personagens do *Ramakien*. A vitrine tem estatuetas de todos os países do mundo.

★ **Chao Mae Tuptim** (**D** D2)
→ *Entrada pelo Nai Lert Park Hotel / thanon Witthayu*
Atrás do estacionamento de um imenso hotel e à margem do *khlong*, esse altar de aspecto descuidado é objeto de um culto insólito aos deuses da fertilidade. Promessas e orações são acompanhadas de oferendas bem explícitas.

★ **Ban Kamthieng** (**D** F3)
→ *Siam Society / 131 soi Sukhumvit 21 Tel 02 661 64 70*
Ter-sáb 9h-17h
Vinda de Chiang Mai, essa casa rural de teca (séc. XIX) abriga o único museu etnológico de Bancoc. Suas peças mostram os rituais, as crenças e o modo de vida do povo lanna, do norte do país. A museografia é animada por vídeos: um deles mostra Mae Champa na cozinha, preparando rã ao curry.

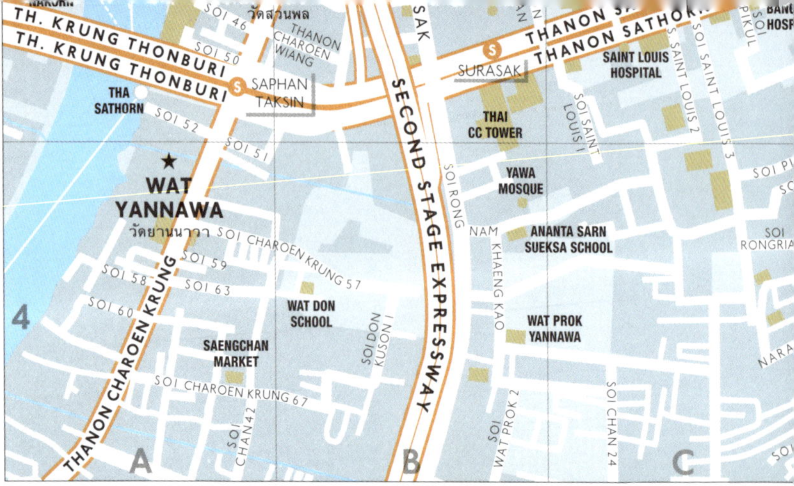

KALAWAR CHURCH

HAROON MOSQUE

★ **Suan Lumphini** (**E** E2)
→ *Diariam 4h30-21h*
O maior parque da capital (1925) ocupa 58ha com gramados e lagos, indiferente ao frenesi imobiliário dos bairros ao redor. No início da manhã recebe praticantes de tai-chi, ioga, artes marciais, corrida, badminton, *takraw* e até de tango. No fim de semana é procurado para piqueniques e ciclismo. Um verdadeiro oásis para escapar da poluição e do tumulto da cidade.

★ **Snake Farm** (**E** D2)
→ *Entrada pela thanon Rama IV ou thanon Henri Dunant*
Tel 02 252 01 61 Seg-sex 8h30-16h, sáb-dom 9h30-13h
Demonstrações *Diariam 11h (e 14h30 seg-sex)*
Esse serpentário administrado pela Cruz Vermelha local (antigo Instituto Pasteur) produz soro antiofídico e expõe ao público suas cobras e serpentes. Para observá-las melhor, assista às demonstrações: diaporama pedagógico, exibição de serpentes e extração de veneno, tudo explicado em inglês.

★ **M. R. Kukrit House** (**E** D3)
→ *19 soi Naradhiwas 7*
Tel 02 286 81 85
Diariam 10h-16h
Com um jardim luxuriante, a antiga morada do renomado escritor e político M. R. Kukrit Pramoj (1911-1995) fica em uma ruela ladeada de residências com aparatos de segurança. Isso dá um caráter insólito a essa casa tradicional de teca, na qual se podem visitar os salões e o quarto, mobiliados com bom gosto.

★ **Sri Maha Mariamman Temple** (**E** C3)
→ *Esquina de thanon Silom c/ thanon Pan*
Um pedacinho da Índia no meio de Silom. Construído pelos tâmeis do bairro em 1879, esse templo hindu devotado à deusa Uma Devi faz os santuários budistas parecerem quase austeros. À guisa de portais há dois *gopura* de 6m com efígies multicoloridas de divindades. Na rua, pequenas barracas vendem oferendas, a exemplo de frutas e delicadas guirlandas de flores.

★ **Neilson-Hays Library** (**E** C2)
→ *195 thanon Surawong*
Tel 02 233 17 31
Ter-dom 9h30-17h
Esse elegante edifício de 1921, em estilo colonial, homenagem do dr. Hays à mulher, abriga uma bi-

SUAN LUMPHINI

SNAKE FARM

M. R. KUKRIT HOUSE

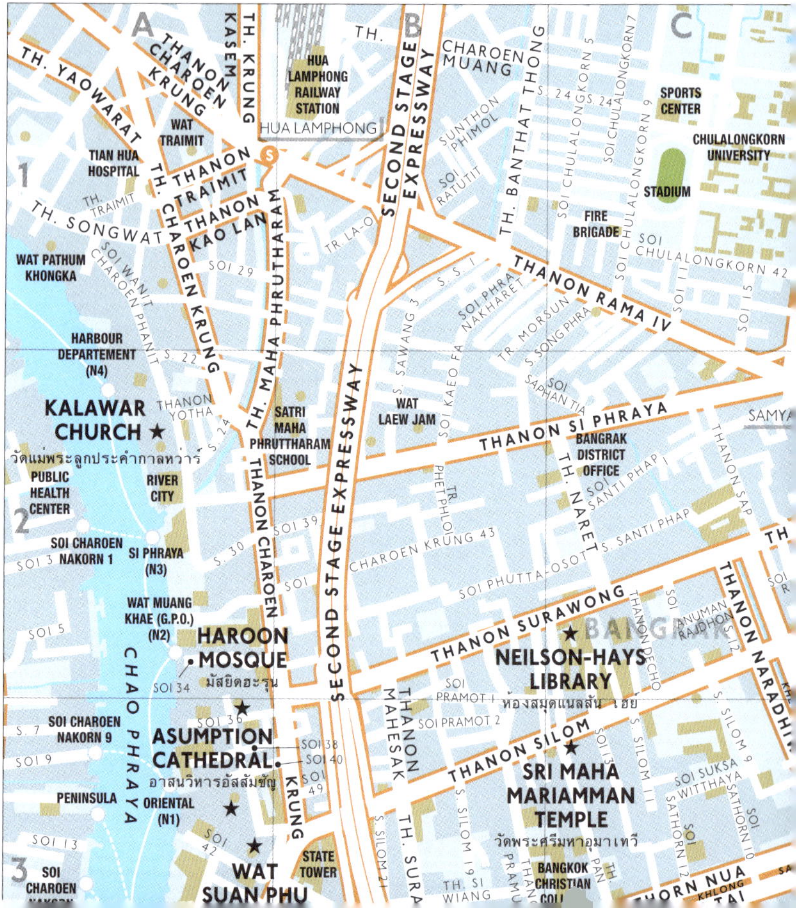

E

Silom / Bangrak

Quando Bancoc desperta, o parque Lumphini já fervilha com praticantes de esportes. Mais tarde, Bangrak inteiro e a rua Silom, centro de comércio e finanças, ganham uma animação trepidante. À noite, o pessoal dos escritórios e os vendedores dão lugar aos turistas e boêmios nos restaurantes de Saladaeng e no vibrante bairro de Patpong. A oeste, depois da rua Charoen Krung, o antigo bairro dos estrangeiros no séc. XIX, agora à sombra de gigantescos hotéis de luxo, abre-se para o rio e abriga edifícios coloniais, embaixadas, mesquitas e igrejas.

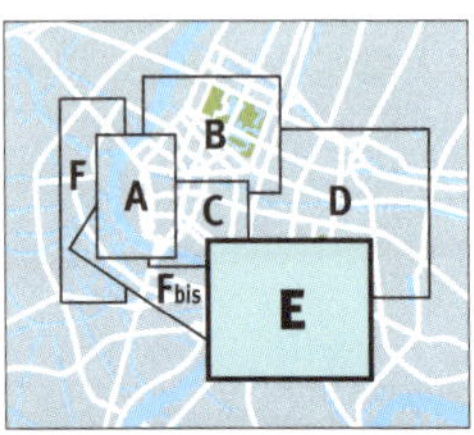

CAFÉ DE LAOS

LOY NAVA

RESTAURANTES

Home Islamic Cuisine Restaurant (**E** A3)
→ *186 soi Charoen Krung 36 Tel 02 234 79 11 Seg-sáb 11h-21h30, dom 17h30-22h*
Perto da embaixada da França e da Haroon Mosque, esse modesto restaurante familiar serve saborosa cozinha halal, tailandesa e indiana sob uma trepadeira. Prato B.50-150.

Café de Laos (**E** B3)
→ *16 soi Silom 19 Tel 02 635 23 38 Diariam 11h-14h, 17h-22h*
À sombra de um prédio, essa casa de madeira tem decoração colonial, tapeçarias do Laos e um jardim. Serve pratos de Issan, como salada com quinze ervas e saikrok (salsicha) enrolada em folha de bétula, tudo acompanhado de arroz. Prato B.90-450.

Somboon (**E** C2)
→ *169 thanon Surawong (esquina c/ thanon Naradhiwas Rajanagarindra) Tel 02 234 44 99 Diariam 16h-23h*
Tinas do lado de fora com peixes e frutos do mar para escolher, que são em seguida preparados ao gosto do freguês: grelhados, fritos, com molho ou no vapor. A refeição é servida em um enorme salão barulhento e festivo. A estrela do menu é o caranguejo ao curry. Preço por quilo.

Restaurant Bua (**E** D2)
→ *1/4 Siboonreang Building, Thanon Convent Tel 02 237 66 41 Diariam 11h-23h*
Grande variedade de deliciosos pratos tailandeses, servidos em um ambiente agradável em Silom: tom yun kung, camarão apimentado, pad thai. Prato B.100-200, menu para dois B.690.

Little India (**E** A3)
→ *64 soi Charoen Krung 42 Tel 02 630 79 06 Diariam 11h-23h*
Em um ambiente caprichado, todos os sabores do norte da Índia, do revigorante biryani ao frango tandoori, além dos lassis cremosos e do chá masala com especiarias. Prato B.110-350.

Loy Nava (**E** A2)
→ *Cais Si Phraya Tel 02 437 49 32 Diariam 18h, 20h www.loynava.com*
Uma bela barcaça de teca para um jantar à luz de velas e ao som de Kim (xilofone) e de músicas tradicionais. O cardápio se inspira na gastronomia tailandesa. Programa turístico, caro, porém muito romântico. Reservas pela internet. Menu B.1.750.

SKYBAR

RIVER CITY

SOI SILOM 5

CAFÉS, BARES

Doi Tung Café (**E** D2)
→ *Sibunruang Building, Thanon Silom (entre a estação Sala Daeng e a thanon Convent) Diariam 7h-21h*
Uma bela alternativa às redes de coffee-shops que pululam em Bancoc. São servidos os mesmos brownies e caramel latte, mas o café e a macadânia vêm dos vilarejos do norte da Tailândia.

Café Sweets (**E** D3)
→ *117/1 thanon Sathorn Tai (perto da Thanon Suan Phlu) Tel 02 286 24 64 Diariam 11h-22h*
O pequeno salão de chá do restaurante Secret Garden é requisitado por seu imenso jardim, bolos excelentes e doces caseiros.

Bamboo Bar (**E** A3)
→ *Soi Charoen Krung 40 Tel 02 659 90 00 Diariam 11h-1h (2h sex-sáb)*
O bar do chiquérrimo hotel Oriental tem ventiladores antigos com estampa de leopardo e poltronas de bambu, que criam uma atmosfera colonial. À noite há ótimos shows de jazz para assistir tomando um coquetel "Satin Doll".

Skybar (**E** B3)
→ *1055 thanon Silom Tel 02 624 95 55 Diariam 18h-1h*
No 63º e último andar da State Tower, um bar sob as estrelas com um ambiente e uma vista mágicos, realçados pelas vozes de cantoras de soul e jazz (exceto às segundas-feiras).

Scarlett Wine Bar (**E** C2)
→ *188 thanon Silom (a oeste de soi Silom 12) Tel 02 238 19 91 Seg-sáb 18h-1h*
Janelas panorâmicas voltadas para o brilho da cidade, poltronas macias e luzes suaves. Um bar de vinhos seleto e silencioso no 37º andar do hotel Sofitel. DJ e som relaxante.

ESPETÁCULOS, BOXE TAILANDÊS

Silom Village (**E** B3)
→ *286 thanon Silom Tel 02 635 63 13 Seg-sáb a partir de 19h30 (espetáculo 20h15-21h) www.silomvillage.co.th*
Para o teatro Ruen Thep e seus jantares acompanhados de espetáculos de dança tradicional tailandesa: em cinco atos, descubra o *khon* (outrora apresentado unicamente para a corte real), suas máscaras minuciosamente trabalhadas e flamejantes fantasias de brocado. B.700.

Lumphini Boxing Stadium (**E** F2)
→ *Thanon Rama IV Tel 02 251 43 03 Ter, sex 18h; sáb 16h, 20h30*
O segundo estádio de boxe tailandês em Bancoc apresenta durante a semana lutas de astros do esporte em um ambiente frenético. B.1.000-3.000.

COMPRAS, MASSAGENS

River City (**E** A2)
→ *23 thanon Yotha Tel 02 237 00 77 Diariam 10h-22h*
Sofisticado complexo de quatro andares especializado em objetos de arte e antiguidades asiáticas, como budas de alabastro ou madeira, ganeshs de bronze, elefantes de jade, peças de seda e tapetes.

Soi Silom 5 (**E** D2)
→ *Seg-sex de dia*
Ponto que anima um bairro moderno, o mercado oferece uma variedade de produtos – frutas, roupas, comida – que atraem funcionários dos escritórios na hora do almoço e após o expediente.

Patpong Night Market (**E** D2)
→ *Soi Patpong 1 e 2 Diariam de dia*
O bairro quente de Bancoc, com bares, néons vistosos e placas espalhafatosas, abriga todas as noites um fervilhante mercado turístico que vende suvenires variados, óculos escuros, tênis e roupas. Não se esqueça de pechinchar!

Jim Thompson (**E** D2)
→ *9 thanon Surawong (esquina c/ thanon Rama IV) Tel 02 632 81 00 Diariam 9h-21h*
Uma das lojas elegantes do império Jim Thompson, oferece seda tradicional de alta qualidade em forma de lenços e gravatas.

Asiatique The Riverfront (fora do mapa **E** A4)
→ *2194 thanon Charoen Krung (acesso de barco gratuito, saídas da Tha Sathorn) Diariam 17h-24h*
Nos armazéns restaurados da East Asiatic Company, que outrora exportava teca, um imenso mercado noturno com mais de 1.500 lojas e 40 restaurantes. Calçada ao longo do rio.

Health Land (**E** E3)
→ *120 thanon Sathorn Nua (perto de soi Sathorn 12) Tel 02 637 88 83 Diariam 9h-23h*
Para se deixar paparicar: massagens tradicionais tailandesas, aromaterapia, reflexologia plantar e sauna. Uma atmosfera zen e luxuosa com preços camaradas. Mais cinco endereços em Bancoc. B.500/2h.

RI MAHA MARIAMMAN TEMPLE

NEILSON-HAYS LIBRARY

▶ Mapa D

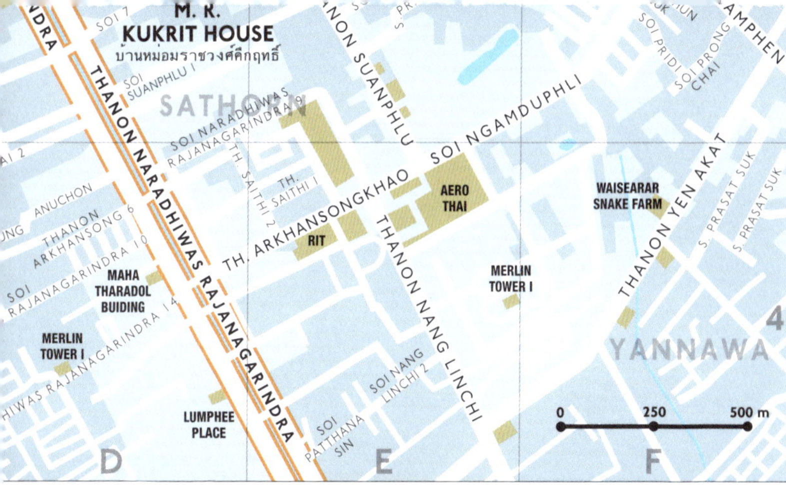

SUMPTION CATHEDRAL

WAT SUAN PHU

WAT YANNAWA

oteca formada em 1869 ıra atender às necessida-s da comunidade angló-ıa. Ainda ativa, conta m cerca de 20 mil volu-es. Na minúscula rotunda exposições de pintura oderna.

Kalawar Church
A2)
Thanon Yotha ou soi aroen Krung 24
ıma do rio, uma flecha ogótica indica essa bela eja em tons pastel. Ela ostituiu em 1890 o edi-'o original de madeira 87), um presente de ma I aos portugueses, e o apoiaram contra birmaneses. Na ruela, dezenas de biroscas ficam cheias de estudantes após as aulas.

★ **Haroon Mosque**
(**E** A2)
→ *Soi Charoen Krung 36*
Fundada por um imigrante indonésio no fim do séc. XIX, a pequena mesquita, bem simples, fica no fim de uma viela com casas de madeira habitadas por famílias muçulmanas. Ao lado há um pequeno cemitério.

★ **Assumption Cathedral**
(**E** A3)
→ *Soi Charoen Krung 40*
Em uma pracinha arborizada de ar colonial, a catedral de tijolo vermelho e linhas renascentistas (1910) tem uma bela abóbada estrelada e vitrais importados da França. Em volta fica a Missão Católica, com o convento e o colégio.

★ **Wat Suan Phu**
(**E** A3)
→ *Soi Charoen Krung 42*
Localizado à sombra de dois grandes hotéis modernos, esse colorido templo do fim do séc. XVIII-início do séc. XIX conta com um belíssimo *bot*, uma escola, um altar chinês de madeira esculpida e charmosas residências monásticas que mais parecem chalés.

★ **Wat Yannawa**
(**E** A4)
→ *1648 thanon Charoen Krung (ao sul da soi 52)*
Templo do início do séc. XIX, tem arquitetura incomum em forma de barco chinês com 43m de extensão. Essa foi a surpreendente homenagem de Rama III aos barcos à vela, aos quais o país devia sua prosperidade e que, na época, estavam sendo suplantados por navios a vapor. O local tem duas estupas e uma praça com um mastro. A proa exibe um par de olhos gigantescos para afastar os maus espíritos.

MUSEUM OF THE ROYAL BARGES

WAT RAKHANG

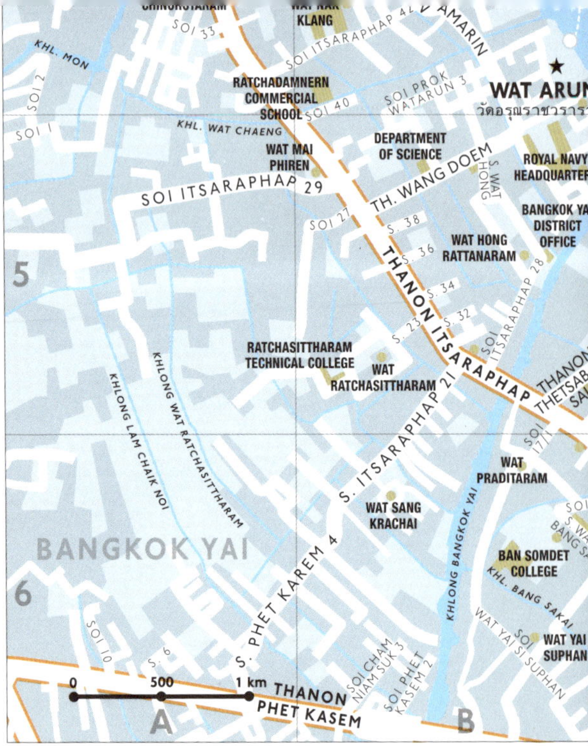

★ **Passeio pelos khlong**
(**F** A2)
→ *Aluguel de barcos: veja* Transportes e hospedagem
Conheça outra face de Bancoc num passeio bucólico pelos canais *(khlong)* estreitos e calmos, de charme atemporal, ladeados de casas sobre palafitas e pequenos templos. O circuito pode durar várias horas, com paradas no caminho.

★ **Wat Suwannaram**
(**F** A2)
→ *Soi Charan Sanit Wong 32 ou acesso por barco de "cauda longa" no embarcadouro*
Localizado à margem do *khlong* Bancoc Noi, esse templo de fachada desbotada tem admiráveis afrescos do séc. XIX que ilustram os *jataka*, relatos das vidas passadas de buda (muros laterais), sua vitória sobre Mara (na entrada) e a cosmogonia budista (muro ao sul). A ausência de perspectiva foi posteriormente uma técnica adotada pelos europeus. Nas ruelas veem-se velhas casas e um lento ritmo de vida.

★ **Museum of the Royal Barges** (**F** B2)
→ *Soi Wat Dusitaram ou acesso por barco de "cauda longa"*
Tel 02 424 00 04
Diariam 9h-17h
Esse hangar junto ao canal apresenta os oito barcos à vela reais mais belos, de um total de 53. Essas embarcações douradas e laqueadas foram utilizadas pelos reis de Sião no rio Char Phraya a partir do séc. XIV. As proas cinzeladas exibem criaturas míticas. Hoje os barcos só navegam em ocasiões muito especiais.

★ **Siriraj Museum**
(**F** B3)
→ *Siriraj Hospital, thanon Phran Nok (porta 1, prédio 28)/ tha Wang Lang Tel 02 419 70 00*
Seg-sáb 9h-16h
Seis pequenos museus de medicina, originalmente destinados aos estudante do hospital. O primeiro dá o tom: as patologias são explicadas detalhadamente e ilustradas por corpos conservados em formol. Há também o museu de medicina legal e parasitologia e o museu de anatomia. Não são recomendados para pessoas sensíveis.

★ **Wat Rakhang**
(**F** B3)
→ *Soi Wat Rakhang Acesso p barco a partir do tha Chang*
À margem do rio, o charm so Templo dos Sinos (fim do séc. XVIII) fica cheio desde o início da manhã. Seu maior tesouro é uma

PASSEIO PELOS KHLONG

PASSEIO PELOS KHLONG

WAT SUWANNARAM

F

Thonburi

Chega-se pela água a Thonburi, que foi capital do reino de 1767 a 1782 e fica na margem direita do Chao Phraya. Ferry-boats partem de Bangrak e Rattanakosin, cruzando o rio em um balé espetacular e atracando em suas margens mais tranquilas, onde há templos – inclusive o esplêndido Wat Arun – e restaurantes flutuantes. Mais para trás, uma miríade de canais *(khlong)* irriga Thonburi (como Bancoc no séc. XIX) e pode ser percorrida de barco de "cauda longa". O percurso mostra ancestrais cenas cotidianas nos *khlong*: casas de madeira sobre estacas, barcas carregadas de frutas e pescadores em seus pontões.

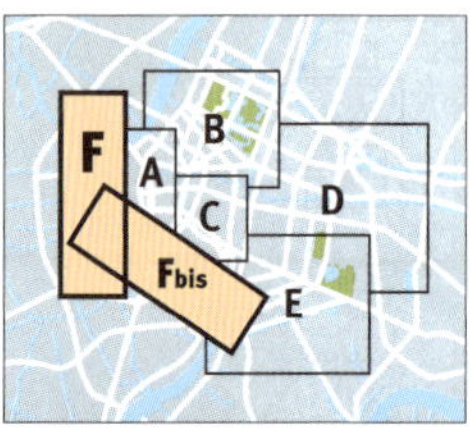

YOK-YOR RESTAURANT

SUPATRA RIVER HOUSE

RESTAURANTES

Tha Wang Lang (**F** B3)
→ *Talat Tha Wang Lang / thanon Phrannok*
Diariam de dia
Nas ruas desse mercado movimentado, as biroscas invadem a calçada. Consiga uma mesa e saboreie espetinhos de peixe, talharins salteados e condimentadas saladas de manga ou bambu. Prato B.20-40.

Yok-Yor Klongsan Restaurant (**F** D5)
→ *762 thanon Lad Ya*
Acesso por barco privativo a partir do embarcadouro defronte à River City (diariam 16h-22h30) Tel 02 437 37 91
Diariam 15h-1h
O ambiente nesse vasto terraço é de taberna flutuante. Artistas de cabaré ou músicos animam as noitadas, enquanto os clientes assíduos saboreiam frutos do mar. Prato B.100-350.

Supatra River House (**F** B3)
→ *266 soi Wat Rakhang*
Acesso por barco privativo a partir do tha Maharaj
Tel 02 411 03 05 Diariam 11h-14h, 17h30-22h30
Jantar feérico defronte ao rio, no jardim de uma casa de teca. É servido um desfile culinário saboroso e bem apresentado. Pausa teatral sexta às 19h30. Prato B.150-450, menus B.1.090-1.690.

Sala Rim Naam (**F** C5)
→ *Thanon Charoen Nakorn*
Acesso por barco privativo a partir do hotel Oriental
Tel 02 437 30 80 Diariam 12h-15h, 19h-22h30
O máximo em restaurante turístico, foi instalado pelo hotel Oriental nas margens calmas de Thonburi. A refinada cozinha abrange todas as regiões da Tailândia. Bufê no almoço: B.930. À noite, menu de B.2.700 na parte interna (incluindo o espetáculo de danças tradicionais) ou à la carte no terraço.

CAFÉS, BARES, CULTURA

Black Canyon Coffee (**F** B3)
→ *Tha Wang Lang Tel 02 866 19 76 Diariam 9h-21h*
Raro em Thonburi, esse café de rede serve de mirante para o movimento dos barcos no embarcadouro. Expresso, frapê de café, chá verde gelado e alguns pratos corretos e baratos para uma refeição leve.

Three Sixty (**F** D5)
→ *123 thanon Charoen Nakorn*

ILLAPA THAI HOUSE

TALAT PHRAN NOK

TALAT TALING CHAN

Acesso por barco privativo a partir do tha Sathorn ou do embarcadouro da River City Tel 02 442 20 62 Diariam 17h-1h
Situado no 32º andar, o bar do Hilton tem uma vista de 360 graus de Bancoc, ambiente fino e som de jazz. Shows toda noite.

Club Arts (**F** B3)
→ *Soi Wat Rakhang Tel 02 866 21 43 Ter-dom 10h30-23h (24h sex-dom)*
Ao lado do antigo teatro Patravadi, uma galeria de arte na linhagem dessa antiga cena independente e pioneira. Seu café espaçoso, Mangkut, voltado para o rio, tem na programação shows às sextas-feiras (19h30), espetáculos de dança contemporânea tailandesa aos sábados (19h30) e apresentações teatrais aos domingos.

Artist's House (fora do mapa **F**)
→ *Charan Sanit Wong Soi 3 (o acesso mais simples é de táxi, a partir da estação de Skytrain Wongwian Yai, situada a cerca de 4km; desça no final da soi, atravesse a ponte, vire à esquerda e ande 100m) Tel 028 68 52 79 Diariam 9h-18h* ***Marionetes*** *Qui-ter 14h, 15h*
Às margens do *khlong* Bangkok Yai, onde o tempo parece ter parado e onde é possível imaginar como era a Bancoc de antigamente, uma bela casa de madeira na qual se podem admirar criações de artistas locais, como pinturas, esculturas e fotos, e espetáculos de marionetes *(hun lakhon lek)*. Chá e café.

ARTESANATO

Jiam Sangsajja / Ban Bu (**F** A2)
→ *133 soi Charan Sanit Wong 32 Tel 081 615 78 40 Diariam 9h-16h (sáb-dom: somente venda)*
Há mais de 200 anos ressoa no bairro de Ban Bu o martelar do bronze para fabricar as *khan*, grandes tigelas outrora utilizadas para servir arroz e hoje artigos decorativos. Visite a pequena fábrica da família Salanon para ver os artesãos. Venda de produtos.

Sillapa Thai House (**F** C3)
→ *539/1 soi Wat Bang Sakai Acesso pela soi Itsaraphap 15 (depois à esq.) Tel 089 926 65 30 Seg-sex 8h-18h*
Há vinte anos as máscaras *(khon)* dos personagens lendários do *Ramakien* são feitas por Choen Kijraj e Suk Phephai. Conheça o casal em sua casa e loja bagunçadas, mais simples do que a fama sugeriria.

Ban Lao (**F** C3) Thaweephol
→ *337/2 soi Wat Bang Sakai Acesso pela soi Itsaraphap 15 (depois à esq.) Tel 02 465 80 93 Diariam 9h-18h*
Em seu minúsculo ateliê, Thaweephol faz *klui*, flauta de bambu originária do Laos. A pequena comunidade de Ban Lao ainda tem cinco fabricantes de *klui*.

Kudee Jeen Cake House (**F** D3)
→ *103 soi Kudee Jeen Tel 089 662 52 88 Seg-sáb 10h-15h (sáb : somente venda)*
Na praça da Igreja de Santa Cruz, empurre a porta de madeira do nº 103 para conhecer a família Maneeprasit, uma das duas últimas que preparam kudee jeen, pequenos brioches de origem portuguesa.

COMPRAS

Talat Phran Nok (**F** A3)
→ *Esquina de thanon Itsaraphap c/ thanon Phran Nok Diariam de dia*
O fervilhante mercado de alimentos do bairro é rico em peixes, rãs, frutas e legumes. É a chance de provar durião e jackfruit, ainda cultivadas na periferia de Thonburi.

Matum (**F** B4)
→ *Soi Matum Diariam por volta de 8h-17h*
Em uma ruela, dois ou três pontos de venda de *matum*, uma fruta tailandesa colhida de abril a julho. Seca, ela perfuma as infusões; em conserva, vira um doce delicioso.

Talat Taling Chan (fora do mapa **F** A6)
→ *Khlong Bangkok Yai Acesso por barco de "cauda longa" Sáb-dom somente pela manhã*
Pequeno mercado a bordo de um punhado de barcas carregadas de frutas e legumes. O pontão tem mesas baixas onde se comem peixe grelhado e talharim preparados nos barcos.

SPA

The Oriental Spa (**F** C5)
→ *597 thanon Charoen Nakorn Acesso por barco privativo a partir do hotel Oriental Tel 02 659 04 44 Diariam 9h-22h*
Em um luxuoso pavilhão de teca clara, um spa dos sonhos: massagem de arroz, gomagem, técnicas aiurvédicas antigas. Faça reserva. B.3.400- 8.000/h.

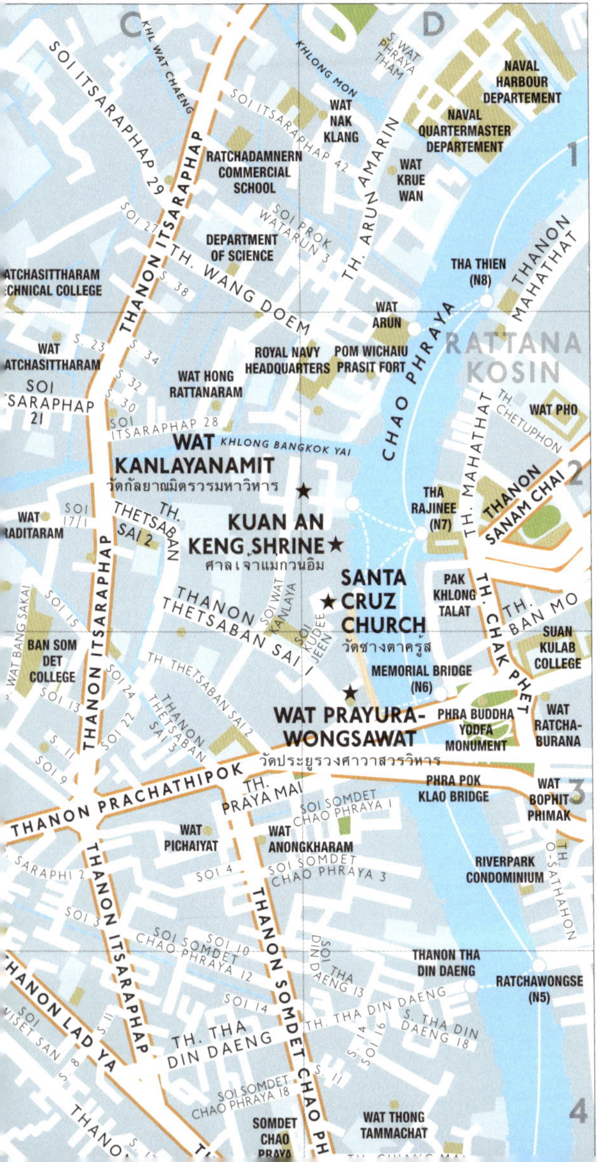

WAT ARUN

WAT KANLAYANAMIT

KUAN AN KENG SHRINE

▼ Mapa A/C/E

SANTA CRUZ CHURCH

WAT PRAYURAWONGSAWAT

stupenda biblioteca vermelha que foi morada e Rama I e é adornada om pinturas murais que arram o *Ramakien*.

★ **Wat Arun** (**F** B4)
→ *Thanon Arun Amarin Acesso or barco a partir do tha Tien*
Templo da Alvorada um dos símbolos da dade, e sua silhueta de ais de 80m domina o hao Phraya. A capela al de Taksin, o Grande, igida entre 1767 e 1782 ob inspiração *khmer*, teve eu *prang* elegante acrestentado por Rama II. A rre depois foi coberta or milhares de fragmentos e porcelana chinesa colorida. Uma verdadeira obra-prima.

★ **Wat Kanlayanamit** (**F** C2)
→ *Soi Wat Kanlaya Acesso por barco a partir do tha Rajinee*
Templo de 1825, tem um buda sentado colossal, venerado ao som de gongos, sinos e tambores pelos tailandeses de origem chinesa. Há numerosas estátuas, que serviam de lastro nos barcos de junco que voltavam vazios da China, e o maior sino de bronze da Tailândia.

★ **Kuan An Keng Shrine** (**F** D2)
→ *Soi Wat Kanlaya Acesso por barco a partir do tha Rajinee*
O embarcadouro defronte ao Wat Kanlayanamit tem uma passagem sobre o rio que leva a esse velho templo chinês do séc. XIX. O local exibe madeira delicadamente esculpida e recende a perfume sagrado de incenso. Serenidade absoluta.

★ **Santa Cruz Church** (**F** D2)
→ *Soi Kudi Jeen Acesso por barco a partir do tha Rajinee*
À beira da água, a igreja de 1916 é da época em que Thonburi era a capital, e seu nome e tons pastel evocam a comunidade portuguesa desse período. Ao redor, há algumas casas de madeira antigas. Passeio agradável ao longo do Chao Phraya até a Memorial Bridge, ao sul.

★ **Wat Prayurawongsawat** (**F** D3)
→ *Thanon Thetsaban Sai 1 Acesso por barco a partir da Memorial Bridge*
Templo do séc. XIX, com portas laqueadas e ornamentadas de madrepérola, tem também um curioso *khao mor* à direita da entrada e um cemitério num outeiro artificial cheio de cavidades que abrigam *chedi* em miniatura e casas de espíritos. A área abriga ainda um lago com tartarugas.

ÔNIBUS

TUK-TUK

PONTOS DE TÁXI NA SIAM SQUARE

River View Guesthouse (**C** D4)
→ *768 soi Phanu Rang Si*
Tel 02 234 54 29
www.riverviewbkk.com
Um dos raros hotéis de sua categoria com vista para o rio. A localização privilegiada, entre Chinatown e Bangrak, compensa os quartos bem básicos. Peça algum em um andar mais alto. Restaurante panorâmico. B.400-1.400.

Lamphu House (**A** C1)
→ *75 soi Rambutri*
Tel 02 629 58 61
www.lamphuhouse.com
No fim de uma ruela e perto dos restaurantes e bares de Rambutri, esse pequeno estabelecimento tem quartos recém-reformados e luminosos, alguns deles com sacada. B.420-650.

White Lodge (**D** B2)
→ *36/8 soi Kasem San 1*
Tel 02 216 88 67
A mais barata entre as hospedarias em torno da Siam Square, é simpática e tem 26 quartos limpos e claros, todos com banheiro e a/c. B.500-700.

The Atlanta (**D** E3)
→ *78 soi Sukhumvit 2*
Tel 02 252 16 50
www. theatlantahotel bangkok.com
Hotel chique da década de 1950, hoje é quase cult. Cheio de personalidade, atrai mochileiros que fogem da rua Khao San, mas seus quartos estão um tanto decadentes. Tem piscina, projeções de filmes, dança tradicional e um excelente café. B.500-950.

Sri Ayutthaya Guesthouse (**B** B2)
→ *23/11 thanon Sri Ayutthaya (soi 14) Tel 02 282 59 42*
Piso de madeira, paredes de tijolo, fotos em sépia e estatuetas espalhadas criam um ambiente belo, discreto e raro no bairro. Graças a tudo isso, é uma hospedaria bastante requisitada. B.500-1.200.

Suk 11 Hostel (**D** F3)
→ *1/33 soi Sukhumvit 11*
Tel 02 253 59 27
www.suk11.com
Pequeno recanto provinciano no meio de Sukhumvit. A vegetação exuberante e uma casinha de teca indicam a recepção, e degraus e pranchas levam a corredores labirínticos revestidos de madeira escura e pontuados por salas para ler ou ver um filme. Os 78 quartos têm decoração mais simples, mas são limpos e com a/c. O ambiente e o pequeno café são muito acolhedores. B.550-900.

Wild Orchid Villa (**A** C1)
→ *8 soi Chana Songkram*
Tel 02 629 43 78
www.wildorchidvilla.com
Uma das opções na rua das hospedarias em Ban-

TÁXIS

Devido às distâncias, às ruas muitas vezes intransponíveis, ao calor e à poluição, é difícil circular a pé pela capital da Tailândia. Mas não faltam meios de transporte baratos nessa cidade a um só tempo atravancada e tentacular.

Tuk-tuks
Onipresentes, esses táxis de três rodas são ideais para percorrer distâncias curtas. Sempre negocie o preço, que deve girar em torno de B.40 para uma corrida curta e de B.70-90 entre Banglamphu e os bairros modernos.

Taxímetros
Menos típicos, menos caros e mais confortáveis que os tuk-tuks. De todas as cores, exibem "taxímetro" no teto e estão por toda parte, o tempo inteiro. Bandeirada de B.35 mais B.4,5 por quilômetro quando a corrida ultrapassa os 2km. Peça ao motorista para ligar o taxímetro. Expressways e pedágios diversos ficam por conta do cliente.

Mototáxis
De capacete laranja, os intrépidos taxistas de moto enfrentam bem os engarrafamentos levando o passageiro na garupa. Velozes, são úteis para percorrer vielas *(sois)* longas, porém perigosos. Tarifas iguais às dos tuk-tuks. Fornecem capacete.

AEROPORTOS

Suvarnabhumi Airport
→ *Tel 02 132 18 88 www.bangkokairportonline.com*
Aeroporto principal.
Conexões com o centro
→ *Airport Link: prático e rápido. 3 linhas: trajeto 15-30min, B.15-90*
→ *Táxi: trajeto cerca de 45min (dependendo do tráfego), B.450-500*
→ *Ônibus: van depois linhas 549 a 559 (complicado), B.35*
Don Muang Airport
→ *Tel 02 535 11 11 www.donmuangairportonline.com*
Voos domésticos e internacionais de baixo custo (Air Asia, Nokair, One-Two-Go).

ACESSO AOS AEROPORTOS E ESTAÇÕES RODOVIÁRIAS E FERROVIÁRIA

TREM

Hua Lamphong Station (**C** F4)
→ *Tel 02 621 87 01 / 1690 www.railway.co.th*
Bem central, é a maior de Bancoc. Trens para Chiang Mai, Surat Thani etc.

RODOVIÁRIAS

Northern Bus Terminal (Mo Chit) (fora do mapa **D** B1)
→ *Chatuchak*
Southern Bus Terminal (fora do mapa **F** A1)
→ *Thanon Boromratchonani*
Eastern Bus Terminal (Ekkamai) (fora do mapa **D** F4)
→ *Soi Sukhumvit 40 (e 42)*

Há centenas de opções de hospedagem, desde hospedarias familiares a gigantescos hotéis de luxo. Em geral, a decoração dos quartos fica em segundo plano. A maioria oferece massagens. Devido às distâncias, ao tempo perdido no transporte e ao trânsito infernal, a escolha do bairro é fundamental: Pratunam, Silom, Sukhumvit e Bangrak concentram os estabelecimentos sofisticados; já Thewet e Banglamphu, em torno de Khao San, têm hotéis mais econômicos. Uma boa ideia é se hospedar perto do rio e se locomover de barco. Faça reserva para a alta temporada (nov-mar e, em menor grau, jul-ago). Um quarto com a/c (ar-condicionado) é uma boa pedida na estação quente. Os preços a seguir são para um quarto duplo com banheiro, salvo menção em contrário. O café da manhã muitas vezes está incluído (menos nos albergues da juventude). Os hotéis menores não aceitam cartões de crédito. Não hesite em negociar o preço, sobretudo para estadas de várias noites. Hotéis de luxo têm tarifas em dólares dos EUA e aceitam bahts. A conta vem com um acréscimo de 7% de imposto (IVA) e 10% de serviço.

ALBERGUES DA JUVENTUDE

Hostelling International Baan Thewet (**B** C2)
→ *25/2 thanon Phitsanulok Tel 02 281 03 61 www.hihostels.com*
A dois passos do embarcadouro de Thewet e do parque Dusit: 6 duplos e 4 tripos (com banheiro). Lavanderia, Wi-Fi. Toalhas incluídas. Duplo B.850 (com café da manhã).
Hostelling International Bangkok Downtown (**E** C2)
→ *395/4 thanon Silom (esquina c/ thanon Naradhiwas Rajana Garindas) Tel 02 636 86 85 www.hihostels.com*
Uma alternativa econômica aos hotéis chiques de Silom, só que você se sente um pouco apertado! Tem 40 leitos, em dormitórios e em quartos duplos e triplos, com banheiro no corredor. Algo a mais: o ar-condicionado. Peça um quarto com janela. B.250/pessoa. Duplo B.780.

MENOS DE B.1.000

Tavee Guesthouse (**B** B2)
→ *83 thanon Sri Ayutthaya (soi 14) Tel 02 280 14 47*
Oculta na vegetação de uma viela, essa casa de madeira tem quinze quartos agradáveis. Banheiros rudimentares. Massagens tradicionais ao lado. B.300-800.
New Siam Guesthouse I (**A** C1)
→ *21 soi Chana Songkram Tel 02 282 45 54 www.newsiam.net*
Localizado no bairro dos mochileiros, esse prédio estreito de cinco andares tem quartos limpos e bem iluminados, porém caros, com banheiro privativo e a/c. Ótima relação custo-benefício. Lavanderia, café, internet, agência de viagem etc. Mais três endereços no bairro. B.350-620.
Shanti Lodge (**B** B2)
→ *37 thanon Sri Ayutthaya (soi 16) Tel 02 281 24 97 www.shantilodge.com*
Excelente opção no calmo bairro de Thewet, essa casa de madeira escura oferece quartos pequenos, bonitos e bem arrumados. Restaurante no térreo. B.400-850.

O melhor de Bancoc

Dez ideias para conhecer a capital de um jeito diferente

Ir às compras
Bancoc é um imenso mercado. Frutas e legumes tropicais, flores, tecidos, roupas e quinquilharias, além de eletrônicos, ferramentas e amuletos. Tudo se vende, ao ar livre (sempre), na água (cada vez menos) e a qualquer hora. Não perca o trepidante Pat Khlong (**A** C6), as vitrines hipnotizantes de Chinatown (**C**) e o bucólico Talat Taling Chan (fora do mapa **F** A6), sem esquecer do famoso Chatuchak (metrô Chatuchak Par, 10km ao norte), descomunal.
→ *Não hesite em pechinchar (sorrindo), faz parte do jogo*

Deslocar-se pelo Chao Phraya
Para percorrer Bancoc de outra maneira, sem se preocupar com o trânsito. Do amanhecer ao entardecer, uma frota de barcos-ônibus desliza pelo rio nos dois sentidos, servindo, de norte a sul, os bairros de Thewet (**B**), Banglamphu (**A**), Rattanakosin (**A**), Thonburi (**F**), Chinatown (**C**), Bangrak (**E**).
→ *Para se misturar com os tailandeses, prefira os barcos Chao Phraya Express aos Tourist Boats*

Receber uma massagem no Wat Pho (**A** C5)
Há salões de massagem por todo lado (receber massagem diariamente é uma tradição), mas se for para escolher um prefira o Wat Pho. Nesse templo, que também é uma escola de medicina tradicional, os aprendizes de massagista perpetuam os gestos seculares da massagem tailandesa. No corpo todo ou nos pés, é uma delícia relaxar à noite depois de ter percorrido a pé a cidade.
→ *Também é possível fazer estágios, que são abertos a todos*

Comemorar o Loi Krathong
Por ocasião da lua cheia do 12º mês lunar (em novembro), em homenagem a Phra Mae Khongkha (deusa das águas), o rio, os canais e os lagos se cobrem de minúsculas jangadas (de cerca de 20cm) confeccionadas com folha de bananeira e decoradas com velas. Espetacular e poético! Mais alegre é o Songkran (em abril), quando, para festejar o Ano-Novo tailandês, todo mundo se molha.

Ir ao encontro dos artistas
Cada bairro *(ban)* tem uma especialidade: tigelas de esmola para os monges em Ban Bat (**C** C1), flautas de bambu *(klui)* em Ban Lao (**F** C3), tigelas de arroz *(khan)* em Jiam Sangsajja/Ban Bu (**F** A2). Perca-se nas ruelas, entre os ateliês abertos, e vá ao encontro desses artesãos, fora dos roteiros conhecidos.

LUTA DE BOXE TAILANDÊS, NO RATCHADAMNOEN STADIUM

A BORDO DO RIVER TAXI, NO KHLONG MAHANAK

MERCADO DE TALING CHAN, EM THONBURI

Transportes e hospedagem

Reverenciar o Phleng Chat
O hino nacional tailandês, *Phleng Chat Thai*, é difundido em todos os lugares públicos, assim como no rádio e no cinema, às 8h e às 18h. Ao ouvirem a primeira nota os passantes se imobilizam, os corredores param e os trabalhadores se levantam, sob o olhar estupefato dos turistas – que farão o mesmo assim que se acostumarem.

Tomar um drinque sob as estrelas
O centro da cidade moderno (Siam Square, Sathorn, Sukhumvit) é uma verdadeira floresta de arranha-céus, com coberturas maravilhosamente propícias aos bares e restaurantes a céu aberto. Agradecendo pelo clima tropical, abrace Bancoc e suas luzes, longe da umidade, do calor e do barulho da cidade.
→ *Endereço indicado: Skybar* (**E** B3)

Aplaudir um espetáculo tradicional
Surgido no séc. xv, o teatro tradicional tailandês (*khon*, clássico, e *lakhon*, mais popular), muito codificado, relata os episódios do *Ramakien* (a epopeia nacional). Os atores, trajando brocados suntuosos e uma máscara, dançam ao som de uma orquestra de percussão e dos cantos de um narrador. Inspiradas no teatro, porém mais raras, as marionetes *(hun lakhon lek)*, com cerca de 1m de altura, são movimentadas, num jogo prodigioso, por três graciosos dançarinos vestidos de negro.
→ *Sala Chalermkrung* (**C** A2) *para o teatro; King Power Complex* (**D** C1) *para as marionetes*

Apostar alguns bahts numa luta de boxe tailandês
Ambiente efervescente! Sete ou oito combates ditam o ritmo da noite, cada um precedido de uma "dança" ritual *(ram muay)* executada pelos dois boxeadores, que trazem na cabeça o *mongkon* (chapéu de tecido trançado). A tensão aumenta à medida que a noite avança, até chegar o último combate, que reúne as estrelas do esporte.
→ *Há dois estádios em Bancoc, o Ratchadamnoen* (**B** C3) *e o Lumphini* (**E** F2), *que recebem os combates alternadamente*

Descobrir a Bancoc alternativa
Será que a vida noturna dessa cidade se resume aos *lady bars*, bares para *farang* ("estrangeiros"), clubes para expatriados e coffee-shops de estilo nova-iorquino? Não! Mas a nascente cena alternativa se esconde, quase submerge, longe dos lugares batidos e dos holofotes. Para um show de rock ou uma exposição de fotos, os locais ideais são a rua Phra Athit (**A** C1), o bairro de Thewet (**B**) ou as vielas de Sukhumvit (**D**). Mas o melhor mesmo é se informar junto aos jovens sobre os lugares da moda.
→ *Phranakorn Bar* (**A** D2)

TEATRO TRADICIONAL

UM DRINQUE SOB AS ESTRELAS

Transportes e hospedagem

BARCOS NO CHAO PHRAYA

menos barulhentos. Piscina na cobertura e spa luxuoso. B.2.800-3.600.

Old Bangkok Inn (**B** B4)
→ *609 thanon Phra Sumen Tel 02 629 17 87 www.oldbangkokinn.com*
Uma pequena joia com ares de casa de boneca, revestida de madeira tropical e com aromas delicados. Dez quartos à sua escolha: Citronela, com um pequeno pátio; Orquídea, com paredes cor-de-rosa; Jasmim, com mezanino. Computador e internet em todos os quartos. Descontos para reservas feitas pelo site. Acolhida adorável. B.3.200-6.500.

Baiyoke Sky Hotel (**D** D2)
→ *Thanon Ratchaprarop / 222 soi Ratchaprarop 3 Tel 02 656 30 00 www.baiyokehotel.com*
No edifício mais alto da Tailândia, a recepção fica no 18º andar, e os 658 quartos, do 22º ao 74º andares. Os preços sobem junto com a altura, mas a vista é de tirar o fôlego. B.4.000-7.000.

HOTÉIS DE ALTO LUXO

The Sukhothai (**E** E3)
→ *13/3 thanon Sathorn Tai Tel 02 344 88 88 www.sukhothai.com*
Móveis de teca, cortinas de seda, objetos de arte, estátuas de buda: todo o refinamento da Tailândia ancestral em 220 quartos com um toque de design contemporâneo. B.10.000-20.000.

Peninsula Hotel (**F** C5)
→ *Thanon Charoen Nakorn 233 Acesso por barco privativo a partir do tha Sathorn Tel 02 861 28 88 www.peninsula.com*
A cavaleiro do rio, longe do tumulto da cidade moderna, esse enorme hotel de luxo é alcançado após uma curta viagem de barco. Dispõe de 370 quartos extremamente amplos e sofisticados, todos eles com bela vista da cidade. Piscina com três níveis, quadra de tênis, spa. B.14.000-22.000.

Mandarin Oriental (**E** A3)
→ *Soi Charoen Krung 40 Tel 02 659 90 00 www.mandarinoriental.com*
Fundado em 1876, esse hotel histórico é hoje um dos mais elegantes do mundo. Decoração suntuosa, terraço sobre o rio, 393 quartos luxuosos e serviço a cargo de uma brigada de mais de mil empregados. Não deixe de tomar um chá refinado no Authors' Lounge, único sobrevivente do séc. XIX. B.15.000-26.000.

TRANSPORTE PÚBLICO

Skytrain
→ *BTS Tel 02 617 60 00 www.bts.co.th Diariam 6h-24h Bilhete B.15-55, dependendo da zona Passe 1 dia B.130, talão 15 trajetos B.425*
Metrô aéreo, com ar-condicionado. Duas linhas (ligação na estação Siam) passam por cima dos engarrafamentos da cidade. Ligação com o Airport Link na estação Phaya Thai. Extensões previstas.

Metrô
→ *MRT Tel 02 624 52 00 www.bangkokmetro.co.th Diariam 6h-23h45 Trens a cada 4-7min Ficha B.16-40, dependendo da zona (crianças metade da tarifa)*
Igualmente recente como o Skytrain, uma linha subterrânea de metrô completa. Ambos se interligam em três estações, mas não há bilhetes unificados. Ligação também com o Airport Link. Ampla malha em projeto.

Ônibus
→ *BMTA Tel 02 246 09 73 www.bmta.co.th Diariam por volta de 5h-23h Bilhete B.6,50-23, dependendo do tipo de ônibus e da distância*
Mais de 400 linhas e 15 mil ônibus de todos os tipos formam uma malha densa e barata. Os ônibus mais caros têm ar-condicionado. É o único transporte público nas áreas de Thonburi, Rattanakosin, Dusit e Chinatown. Os turistas utilizam pouco, devido às informações em tailandês e à relativa lentidão. Evite nas horas de pico. Algumas linhas funcionam à noite.

Barcos de "cauda longa"

Chamadas de *hang yao* (*long tail*, em inglês), essas embarcações afiladas e rápidas permitem descobrir os *khlong* de Thonburi. Combine o itinerário com o condutor. Aluguel nos principais embarcadouros de Chao Phraya: Sathorn (**E** A3), Oriental (**E** A3), Si Phraya (**E** A2), Tha Tien (**A** B5), Tha Chang (**A** B3) e no Bangkok Information Center (**A** B2). Preço fixo, a negociar. Calcule cerca de B.1.200/1h, B.1.500-1.900/2h, conforme o trajeto. Também há passeios organizados.

SKYTRAIN

Barcos

Chao Phraya Express
→ *Tel 02 623 61 43*
Diariam 6h-19h30, conforme o embarcadouro e a linha
Bilhete B.10-15 (sem uma bandeira ou laranja; local), B.20-32 (outras bandeiras; expresso) www.chaophraya expressboat.com
Os barcos são uma alternativa aos ônibus e aos táxis, pois escapam dos engarrafamentos. Os cinco tipos de linhas param ou não em todos os embarcadouros *(tha)* e são identificáveis pela cor da bandeira que tremula no mastro. Venda de bilhetes a bordo. Ligação com o Skytrain (BTS) em Sathorn.

Chao Phraya Tourist Boat
→ *Tel 02 623 60 01 Diariam 9h30-16h A cada 30min Passe 1 dia B.150 (passe também válido para Chao Phraya Express)*
Para turistas, é mais confortável e mais caro. Paradas em oito embarcadouros próximos a atrações. Venda de passagens em Tha Sathorn (**E** A3), Phra Athit (**A** C1) e Tha Maharaj (**F** B3).

Ferryboat
→ *Diariam por volta de 5h-22h A cada 5min*
Tarifa B.3,50
Em todos os embarcadouros, ligam as duas margens do rio. Ideais para visitar Thonburi. Venda na bilheteria.

River Taxi
→ *Seg-sex 5h30-20h30, sáb-dom 6h-19h30*
Tarifa B.10-20
No *khlong* Mahanak e no Saen Sab, os barcos, velozes, ligam a cidade velha aos bairros modernos.

glamphu, atrai viajantes de todas as nacionalidades. Restaurante gracioso, ambiente colorido e quartos agradáveis, cujo preço varia se há janela, banheiro, a/c etc. B.800-1.500.

D & D Inn (**A** C2)
→ *68 thanon Khao San*
Tel 02 629 05 26
www.khaosanby.com
No centro da frenética rua Khao San, o hotel oferece uma piscina formidável ao ar livre que fica aberta até meia-noite. Massagem na cobertura, Wi-Fi gratuito, vaivém de viajantes do mundo inteiro e 200 quartos simples de todos os tipos. B.850-1.100.

Mais de B.1.000

Royal Asia Lodge (**D** F3)
→ *91 soi Sukhumvit 8*
Tel 02 251 55 14
www.royalasialodge.com
Isolado no fim de uma soi servida por um ônibus-tuk-tuk vermelho, o tranquilo hotel tem 90 quartos clássicos, confortáveis e impecáveis. Bela piscina na cobertura. Descontos para reservas feitas pelo site. B.1.400.

Bangkok Christian Guesthouse (**E** E2)
→ *123 soi Sala Daeng 2*
Tel 02 233 63 03
www.bcgh.org
Nesse bairro animado, a insólita hospedaria de uma missão cristã. Totalmente reformado, o prédio possui quartos simples mas impecáveis, com banheiro e a/c. Refeições baratas. B.1.540.

Royal Hotel (**A** C2)
→ *Esquina de thanon Atsadang c/ thanon Ratchadamnoen Klang*
Tel 02 222 91 11
Mais conhecido pelo nome de "Rattanakosin", o hotel, antiquado, é frequentado sobretudo por turistas asiáticos. Tem 300 quartos sem muito charme (evite os voltados para a rua), mas com uma vantagem: fica em frente a Sanam Luang. B.1.800.

Viengtai Hotel (**A** C2)
→ *42 thanon Ram Butri*
Tel 02 280 54 34
www.viengtai.co.th
Um hotel muito confortável a dois passos da animada rua Khao San, com 215 quartos arrumados e limpos. Piscina. B.2.400-2.900.

Buddy Lodge (**A** D2)
→ *265 thanon Khao San*
Tel 02 629 44 77
www.buddylodge.com
Piso de madeira encerado, paredes de madeira pintada e luminárias antigas decoram esse charmoso hotel-butique no centro da lendária rua Khao San, em um bairro com quase cem opções de hospedagem. Prefira os quartos do último andar, mais claros e

Linhas de metrô, de Skytrain, de barco e ligação com o aeroporto

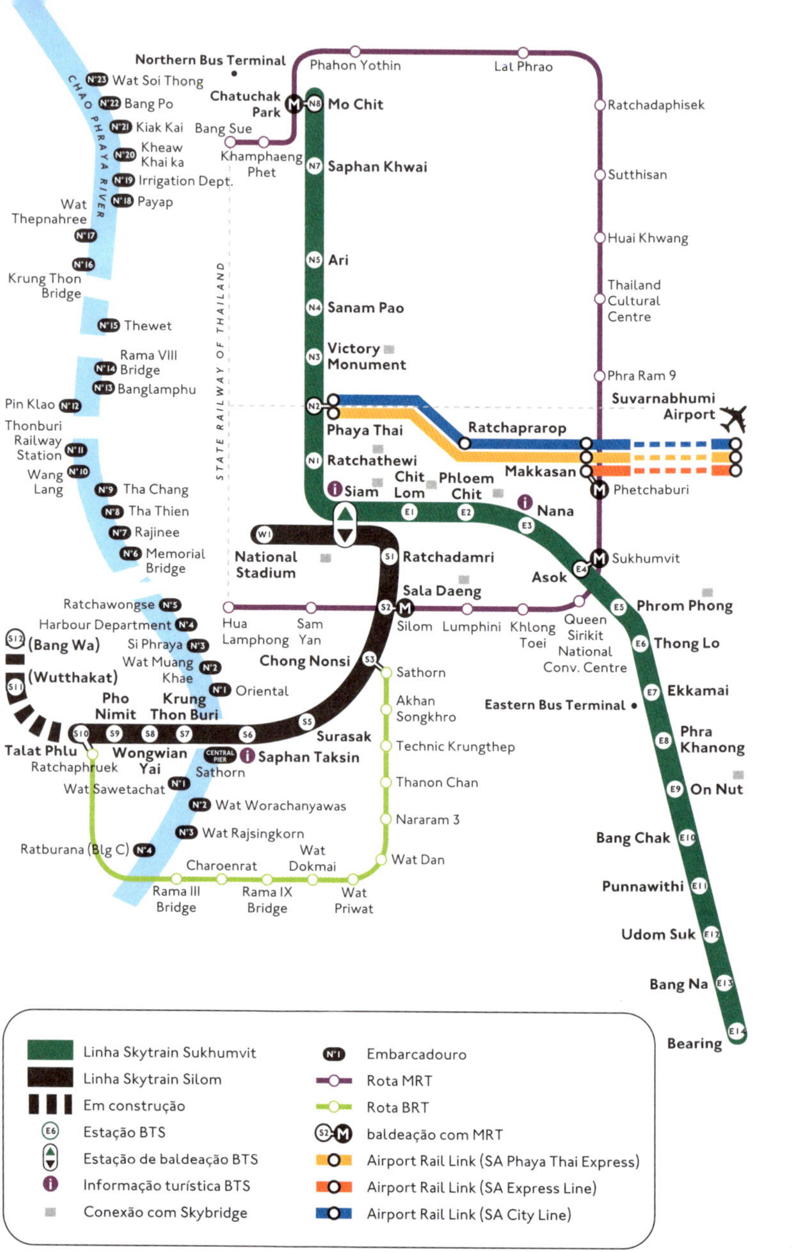

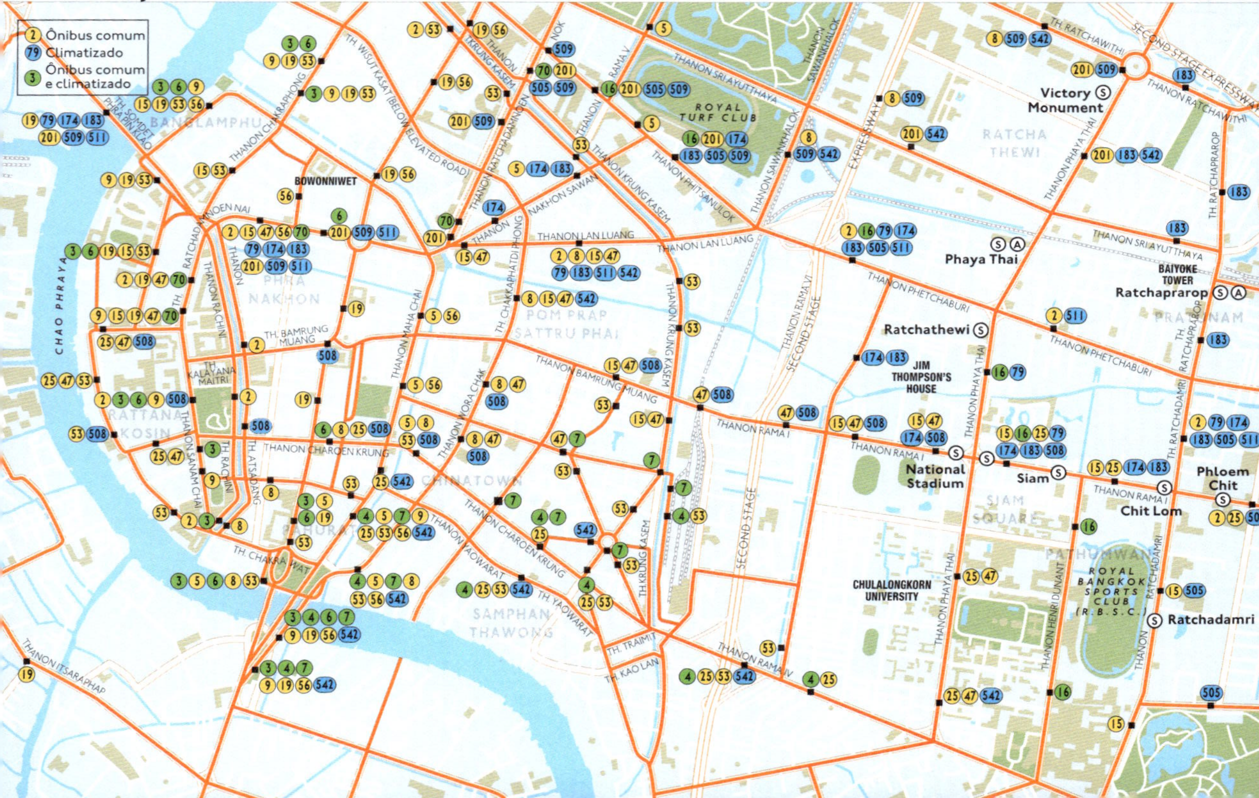
2 Ônibus comum
79 Climatizado
3 Ônibus comum e climatizado
CHAO PHRAYA
BANGLAMPHU
BOWONNIWET
PHRA NAKHON
POM PRAP SATTRU PHAI
RATTANA KOSIN
PAHURAT
CHINATOWN
SAMPHAN THAWONG
ROYAL TURF CLUB
RATCHA THEWI
PRATUNAM
SIAM SQUARE
PATHUMWAN
JIM THOMPSON'S HOUSE
CHULALONGKORN UNIVERSITY
ROYAL BANGKOK SPORTS CLUB (R.B.S.C.)
BAIYOKE TOWER
Victory Monument
Phaya Thai
Ratchathewi
Ratchaprarop
National Stadium
Siam
Chit Lom
Phloem Chit
Ratchadamri
THANON CHAKRAPHONG
THANON RATCHADAMNOEN NAI
THANON LAN LUANG
THANON MAHA CHAI
THANON CHAROEN KRUNG
THANON YAOWARAT
THANON RAMA I
THANON RAMA IV
THANON RAMA V
THANON RAMA VI
THANON PHAYA THAI
THANON PHETCHABURI
THANON SRI AYUTTHAYA
THANON RATCHAWITHI
THANON ITSARAPHAP
THANON HENRI DUNANT
THANON RATCHADAMRI
SECOND STAGE EXPRESSWAY
EXPRESSWAY

Índice de ruas, monumentos e atrações

Os nomes de ruas, monumentos e atrações estão classificados por ordem alfabética. As letras em negrito (**A**, **B**, **C**...) indicam o bairro e o mapa correspondente. A estrela ✪ remete à página "Atrações imperdíveis", no início deste guia.

Ruas

LONDRES

Seu Guia Passo a Passo

Sem um verdadeiro centro, Londres é **enorme** e diversa, na ponta da **vanguarda** e, contudo, tão **tradicional**... Como poderia ser uma **capital** como as outras? Já nasceu dupla, em torno da **City**, sede do poder político, e de **Westminster**, sede do poder religioso, inseparável de seu rio **Tâmisa**, vigiada pela lendária **Torre** em suas margens; precisou anexar muitas **aldeias** para unificar-se e ampliar-se. Vem daí, sem dúvida, uma predileção urbana em espalhar-se tanto, o amor pelos **greens**, jardins encantadores ou imensos pulmões verdes, nos quais se passeia a **cavalo**, e onde se escuta **Shakespeare** debaixo das árvores. Daí também deriva o quebra-cabeça formado pelos bairros com uma identidade forte e uma população **cosmopolita**, solene e fervilhante: **Saint James's** e suas instituições, com seus prestigiosos museus de pintura; o **West End** e suas casas de espetáculos, onde reina uma **Soho** festeira; **Chelsea** e suas residências de escritores, não longe da criativa **Notting Hill**; e os antigos subúrbios que se tornaram bastiões da cultura alternativa, tais como **Islington** ou **Camden**, o **East End** e as margens do rio Tâmisa, transmutados em laboratórios de arte moderna. Londres aprecia seus **costumes** fora do tempo, homens da lei vestindo perucas, protocolo real, uniformes para crianças vendidos na **Harrods** ou **pubs** sem idade. Mas a capital inglesa é também uma **moda**, uma **cena** – estilo sempre à frente do continente, que se pode captar em um **brechó**, em frente à vitrine de um **estilista**, em um café ou no **dance floor** vibrante de uma casa noturna... Com **Seu Guia Passo a Passo**, a cidade se abre para você!

Bem-vindo a Londres!

- **A** Westminster / Whitehall
- **B** Covent Garden / Soho / Bloomsbury
- **C** City / St Paul's / Shoreditch
- **D** Islington / King's Cross / Camden / Hampstead
- **E** Mayfair / Marylebone
- **F** Kensington / Notting Hill
- **G** Chelsea / South Kensington / Belgravia
- **H** South Bank / Waterloo
- **I** Southwark / Tower Bridge
- **J** Docklands / Greenwich / East End

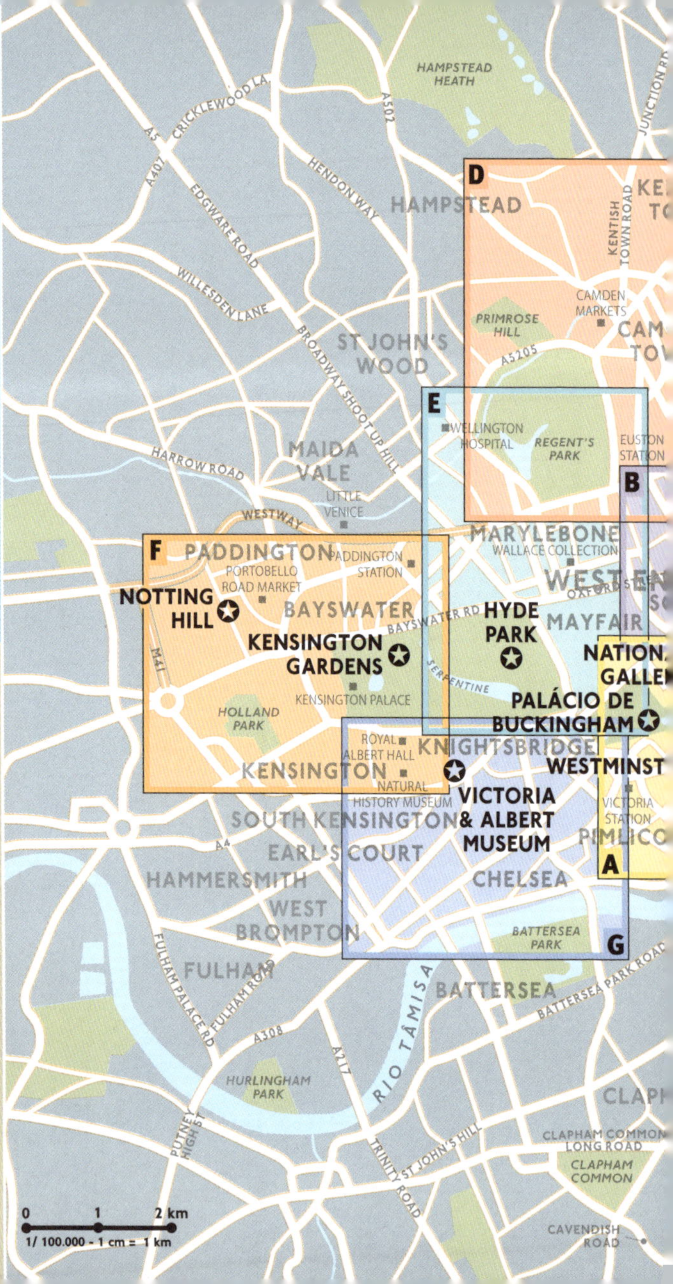